MARIE KONDO ET SCOTT SONENSHEIN

Marie Kondo est une consultante professionnelle en rangement, qui a fondé KonMari Media, Inc. Dès son plus jeune âge, elle se passionne pour les intérieurs ordonnés et les espaces bien rangés. Elle se met alors à pratiquer un rangement assidu dans sa chambre, puis dans les autres pièces de la maison familiale. Après avoir épuisé toutes les méthodes existantes, elle a créé la sienne à seulement 19 ans. Son entreprise, installée aux États-Unis, connaît un vif succès. Ses cours sont mondialement prisés. Marie a été nommée parmi les cent personnes les plus influentes du monde par le *Time Magazine*.

La Magie du rangement (First, 2015 ; Pocket 2016) s'est déjà vendu à plus de 10 millions d'exemplaires à travers le monde. Il a été suivi de *La Magie du rangement au travail*, publié en 2020 chez le même éditeur.

Scott Sonenshein est professeur de management à l'université Rice. Il a obtenu un doctorat en comportement organisationnel à l'université du Michigan, un DEA à l'université de Cambridge et une licence à l'université de Virginie. Ses travaux de recherche, ses cours et ses conférences sont primés. Ils aident les gens à donner plus de sens à leur vie professionnelle en libérant leur créativité et leur ingéniosité.

Retrouvez toute l'actualité de Marie Kondo sur :
https://konmari.com

LA MAGIE DU RANGEMENT AU TRAVAIL

ÉVOLUTION

Des livres pour vous faciliter la vie !

Ali REBEIHI et Christilla PELLÉ-DOUËL
Que dévoilent nos émotions ?
Grand bien vous fasse : la vie quotidienne, mode d'emploi

Valérie ROUMANOFF
Les Histoires magiques du soir

Valentin SPITZ
Et si vous arrêtiez de vouloir être un parent parfait ?

Thich NHAT HAHN
Voir en pleine conscience

Thich NHAT HAHN
Combattre en pleine conscience

W. Thomas BOYCE
L'Enfant orchidée et l'Enfant pissenlit

Lise BOURBEAU
La Guérison des 5 blessures

Marie KONDO
La Magie du rangement au travail

Fabrice MIDAL
3 minutes de philosophie pour redevenir humain

Mathieu BRÉGÉGERE
Nos ados : et si la méditation était la solution ?

Alexandre MARS
Ose !

MARIE KONDO
SCOTT SONENSHEIN

LA MAGIE DU RANGEMENT AU TRAVAIL

Traduit de l'anglais
par Christophe Billon

FIRST
ÉDITIONS

Titre original :
JOY AT WORK : ORGANIZING YOUR PROFESSIONAL LIFE

ISBN : 978-2-266-31350-6
Dépôt légal : septembre 2021

Sommaire

À ma famille, à ma maison et à toutes les choses qui m'aident et mettent de la joie dans ma vie, avec toute ma reconnaissance.

Marie Kondo

À ma mère et à mon père : j'ai fini par apprendre à mettre de l'ordre !

Scott Sonenshein

Note au lecteur

Bien que nous ayons collaboré sur l'intégralité du contenu de ce livre, chacun de nous s'est chargé de la rédaction d'une moitié de l'ouvrage : Marie, de l'introduction, des chapitres 1, 2, 3 et 11, et Scott, des chapitres 4, 5, 6, 7, 8, 9 et 10. Vous trouverez également dans chaque chapitre des encadrés contenant l'avis de la personne n'étant pas chargée de la rédaction dudit chapitre.

Les histoires et les exemples figurant dans le présent ouvrage sont véridiques. Les prénoms ont parfois été modifiés afin de protéger l'identité des personnes.

Introduction

Votre bureau est-il toujours noyé sous une pile de documents ? (« Zut ! Où est le rapport que je dois rendre demain ? »)

Avez-vous toujours une multitude d'e-mails non lus, quelle que soit la fréquence à laquelle vous consultez votre boîte de réception ? (« À propos de l'e-mail que je vous ai envoyé hier… — Quel e-mail ? »)

Est-ce que votre agenda est rempli de rendez-vous avec des personnes que vous ne souhaitez même pas rencontrer ?

Est-ce que ça se passe comme ça tous les jours parce que vous ne savez plus ce que vous vouliez faire ?

Avez-vous du mal à prendre des décisions ?

Vous demandez-vous : « C'est ça, ma vie ? Juste cocher ce que je dois faire sur une liste ? Y a-t-il moyen de remettre de l'ordre dans mon travail, ma carrière, ma vie ? »

Si l'une de ces situations vous rappelle quelqu'un, une seule solution : ranger.

Ce livre ne porte pas simplement sur la manière de ranger votre espace de travail, il vous apprendra également à remettre de l'ordre dans les éléments matériels et immatériels du poste que vous occupez (données numériques, temps, prise de décision et réseaux) et à faire en sorte que votre emploi vous emplisse de joie.

À la simple perspective de devoir tout ranger, beaucoup partent battus d'avance et protestent : « Impossible de trouver le temps ! Je suis déjà bien trop occupé ! » « Je dois prendre bien trop de décisions pour ne serait-ce qu'envisager de ranger », disent certains ; « J'ai déjà essayé. J'ai trié tous mes documents et c'est de nouveau la pagaille », affirment d'autres.

Nombreux sont ceux qui pensent qu'il est impossible d'éprouver de la joie dans son travail. Et ils insistent : « Je suis coincé à longueur de journée dans des réunions inutiles. Ce n'est pas le rangement qui va changer ça. En plus, trop de choses ne dépendent pas de moi. Prendre du plaisir au travail ? Je ne vois pas comment ! » Mais c'est pourtant en procédant à un rangement dans les règles de l'art qu'il est possible de ressentir de la joie au bureau.

Je suis fascinée par le rangement depuis l'âge de 5 ans. J'ai approfondi le sujet pendant toute ma scolarité et fait mes premiers pas de consultante en rangement à l'âge de 19 ans alors que j'étais encore à l'université. La méthode KonMari est née en apprenant aux autres à ranger.

Mon approche présente deux spécificités : d'abord, elle est simple mais efficace, ce qui vous garantit de ne plus jamais resombrer dans le désordre ; ensuite, elle se base sur un critère de sélection unique : choisir ce qui vous met en joie. Lorsque nous nous demandons : « Est-ce que ceci me met en joie ? », nous nous reconnectons à notre moi et découvrons ce qui a une réelle importance à nos yeux. Il en résulte un changement de comportement qui s'inscrit dans la durée et met notre vie sur des rails positifs.

J'ai présenté cette méthode dans mon livre *La Magie du rangement*. Traduit en quarante langues, il s'est vendu à plus de 12 millions d'exemplaires. Ces dernières années, j'ai parcouru le monde pour parler de ma méthode et une question est souvent revenue : comment ranger son espace de travail et mettre de la joie dans sa vie professionnelle ?

La plupart des gens me considèrent comme une spécialiste du rangement des logements et non des espaces de travail, et encore moins de la progression professionnelle. Mais quand que j'ai travaillé au sein d'une entreprise japonaise, j'ai passé la plupart de mon temps libre à apprendre à des cadres à ranger leur bureau. Même des salariés de mon entreprise ont commencé à me demander des conseils. C'est parce que ces échanges individuels me prenaient beaucoup de temps que j'ai décidé de quitter mon emploi et de me lancer dans une carrière de consultante indépendante.

Les consultants que j'ai formés continuent de donner des cours et des conférences sur le rangement des espaces de travail à l'aide de la méthode KonMari. Ils partagent leurs connaissances et leurs expériences, ce qui leur permet de perfectionner en conséquence le contenu de leurs interventions. Cette manière de faire a clairement montré que le rangement de l'espace de travail améliore les performances et accroît le plaisir de travailler.

Par exemple, des clients nous ont dit que cela avait fait progresser leur chiffre d'affaires de 20 %, dopé leur efficacité au point de pouvoir quitter le bureau deux heures plus tôt, et les avait aidés à redonner du sens à leur travail, ce qui a ravivé leur passion pour lui. Les exemples montrant à quel point le rangement permet d'améliorer la vie professionnelle, tant matériellement que psychologiquement, ne manquent pas. Si ranger son logement apporte de la joie dans l'existence, ranger son espace de travail rend professionnellement plus heureux, car cela nous aide à être mieux organisés et à obtenir de meilleurs résultats. Cet ouvrage vous dévoile les secrets de ce processus !

Bien entendu, dans la sphère professionnelle, tout ne s'évalue pas en fonction de la joie éprouvée. Il faut suivre les règles de l'entreprise, nos supérieurs hiérarchiques prennent des décisions impactant notre travail et nous devons collaborer avec des collègues. Ranger notre espace de travail physique ne saurait suffire à rendre harmonieux l'exercice de nos fonctions. Notre vie professionnelle ne peut respirer la joie que si chacun de ses aspects est en ordre (e-mails, données numériques, tâches spécifiques au poste, réunions).

C'est là que Scott, mon coauteur, entre en scène. Psychologue du travail et professeur de commerce titulaire d'une chaire de recherche à l'université Rice, Scott est à l'avant-garde des travaux menés sur la manière de mener des carrières professionnelles plus gratifiantes et heureuses. Ses travaux couvrent un large éventail de sujets, comme avoir une vie professionnelle plus positive et ayant du sens, devenir plus efficace et productif au travail ou résoudre des problèmes en entreprise. Fondé sur le fruit de ses recherches, son ouvrage à succès *Stretch* nous montre comment connaître réussite et satisfaction au travail en nous servant des atouts que nous avons déjà, qu'il s'agisse de compétences, de connaissances ou d'outils. Tout cela fait de lui un expert de haute volée en matière de joie au travail. Tout au long de ce livre, Scott fournit des données scientifiques de premier plan sur le rangement et propose des cours pratiques pour organiser les éléments immatériels du travail.

Au chapitre 1, vous lirez des informations générales sur le rangement qui, nous en sommes persuadés, vont vous motiver. Les chapitres 2 et 3 indiquent comment ranger votre espace de travail. Les chapitres 4 à 9 se penchent sur l'organisation des données numériques, le temps, les décisions, les réseaux, les réunions et les équipes. Le chapitre 10 vous dit comment renforcer l'impact du rangement au sein de votre entreprise. Le dernier chapitre dépasse le cadre du rangement en suggérant quelques mesures pour que votre travail au quotidien soit plus joyeux. Il vous explique aussi quel état d'esprit et quelle démarche vont vous permettre de mener une carrière heureuse. Ce chapitre parle de situations issues de ma propre expérience. Leur propos est de vous amener à réfléchir sur la façon dont vous pouvez travailler dans la joie.

Nous espérons que cet ouvrage vous ouvrira les portes d'une carrière pleine de joie.

CHAPITRE 1

Pourquoi ranger ?

Quelle est la première chose que vous voyez en entrant dans votre bureau le lundi matin ?

La plupart du temps, il s'agit d'un bureau couvert de choses, trucs et autres objets ! Des piles de documents, des trombones, des courriers non ouverts reçus Dieu sait quand, des livres jamais lus et un ordinateur portable saturé de Post-it. Et sous le bureau gisent souvent des sacs entiers de cadeaux publicitaires offerts par des clients. Je suis certaine que la plupart des gens poussent un profond soupir en voyant ça et se demandent comment ils parviennent à travailler dans un tel fouillis.

Aki, employée de bureau dans une agence immobilière, a fait partie de ceux qui souffraient de travailler dans un bureau en désordre. Même s'il n'était pas très grand (il faisait l'envergure de ses bras et ne comprenait que trois tiroirs), elle n'y retrouvait jamais rien. Avant une réunion, elle cherchait toujours désespérément ses lunettes, son stylo ou un dossier et devait régulièrement réimprimer ses documents lorsqu'elle ne parvenait pas à mettre la main dessus. Il lui est arrivé plusieurs fois d'en avoir assez et de décider de ranger son bureau, mais le soir venu elle était trop fatiguée et remettait ça au lendemain, se contentant d'empiler dans un coin les documents du jour avant de rentrer chez elle. Et le lendemain, bien entendu, elle se retrouvait à chercher dans la pile ce dont elle avait besoin pour se mettre à travailler. Elle finissait par démarrer sa journée épuisée. « Me retrouver derrière ce bureau en désordre était complètement déprimant », m'a-t-elle confié. Elle avait malheureusement de bonnes raisons de se sentir ainsi.

Diverses études montrent que le désordre est bien plus pesant que nous l'imaginons, et à plus d'un titre. Dans une étude portant sur mille Américains actifs, 90 % avaient le sentiment que le désordre avait un effet négatif sur leur vie[1]. Les principales raisons invoquées étaient une productivité moindre, un état d'esprit négatif, une baisse de motivation et une diminution du bonheur perçu.

Le désordre affecte également la santé. Selon une étude menée par des scientifiques de l'UCLA, être entouré d'un trop grand nombre d'objets fait grimper le niveau de cortisol, la principale hormone de stress[2]. Une augmentation chronique du taux de cortisol nous rend plus vulnérables à la dépression, à l'insomnie et à d'autres troubles mentaux, et favorise également l'apparition d'affections physiques liées au stress, comme les maladies cardio-vasculaires, l'hypertension et le diabète.

---

1. OfficeMax (2011). *2011 Workspace Organization Survey*. multivu.prnewswire.com/mnr/officemax/46659/docs/46659-NewsWorthy_Analysis.pdf (document consulté le 24 avril 2020).

2. Saxbe, D. E. & Repetti, R. (2010). No place like home: Home tours correlate with daily patterns of mood and cortisol. *Personality and Social Psychology Bulletin* 36 (1), p. 71-81.

En outre, de récents travaux de recherche en psychologie montrent qu'un environnement en désordre met le cerveau à l'épreuve[1]. Quand nous vivons dans le fouillis, notre cerveau est tellement occupé à enregistrer tous les éléments qui nous entourent que nous ne pouvons pas nous concentrer sur ce que nous devrions faire, comme exécuter des tâches ou communiquer avec les autres. Nous sommes distraits, stressés et anxieux, et notre aptitude à prendre des décisions s'en trouve affectée. Il semble que le désordre épuise. En fait, ces données montrent que les personnes comme moi, enthousiastes à la vue d'une pièce où règne la pagaille et qui ont hâte de tout ranger, sont des exceptions.

Mais les personnes ne sont pas seules à souffrir du désordre. Les entreprises en pâtissent également. Vous est-il déjà arrivé de passer des heures à chercher une chose ou de l'avoir carrément perdue ? Près de la moitié des employés de bureau disent égarer un élément important par an (dossier, calculatrice, clé USB, porte-documents, ordinateur portable ou smartphone)[2]. Non seulement le remplacement de ces objets coûte cher, mais, avant toute chose, leur perte génère un stress émotionnel et crée un gaspillage inutile et néfaste pour l'environnement. Mais la plus grande perte concerne le temps consacré à les chercher. Les données montrent

---

1. Kastner, S. & Ungerleider, L. G. (2000). Mechanisms of visual attention in the human cortex. *Annual Review of Neuroscience* 23, p. 315-341.

2. Brother International (2010). *Whitepaper: The Costs Associated with Disorganization.* https://www.naturallyorganized.com/Brother%20International%20-%20Whitepaper%20on%20Disorganization.pdf

qu'un employé passe en moyenne chaque année l'équivalent d'une semaine de travail à mettre la main sur des objets perdus, ce qui fait un mois entier sur quatre ans. Rien qu'aux États-Unis, on estime que cette perte de productivité annuelle équivaut à 89 milliards de dollars, ce qui représente plus du double des bénéfices cumulés des cinq plus grandes entreprises mondiales.

Ces chiffres sont stupéfiants, mais bien réels. Le désordre peut avoir un effet dévastateur. Mais inutile de s'inquiéter, car tous ces problèmes peuvent être résolus grâce au rangement.

Comment le rangement de mon espace de travail a changé ma vie

Une fois sortie de l'université, j'ai décroché un emploi dans le service commercial d'une agence de recrutement. Mais l'euphorie provoquée par mon entrée dans la vie active a été de courte durée. Bien qu'il soit normal pour un employé récemment embauché de rencontrer des difficultés, mes performances commerciales évoluaient lentement. Sur les quinze personnes recrutées cette année-là, je me retrouvais toujours dans les trois dernières.

J'arrivais au bureau de bonne heure, passais des heures au téléphone à tenter de décrocher des rendez-vous avec des clients potentiels, me rendais aux rendez-vous obtenus et dressais dans l'intervalle des listes d'autres pistes commerciales. Le soir, j'allais rapidement acheter un bol de nouilles dans une boutique située dans notre bâtiment, puis je retournais au bureau préparer des documents. J'avais l'impression de travailler en permanence, mais sans obtenir de résultats.

Un jour, après une énième séance de prospection téléphonique décourageante, j'ai raccroché le téléphone avec un gros soupir en baissant la tête. Déprimée, j'ai regardé mon bureau et, en une fraction de seconde, j'ai pris conscience que c'était un vrai bazar. Autour de mon clavier s'éparpillaient une pile de listes commerciales périmées, un contrat à moitié rempli, un gobelet en carton avec un reste de thé, un sachet de thé ratatiné, une bouteille d'eau datant d'une semaine, des bouts de papier sur lesquels j'avais griffonné des conseils émanant de mes collègues, un livre sur le commerce qui m'avait été recommandé et que je n'avais pas lu, un stylo sans son capuchon, une agrafeuse dont je ne m'étais pas servie…

Je n'en croyais pas mes yeux. Comment était-ce possible ? Je travaillais comme consultante en rangement depuis l'université, et pourtant, malgré mes compétences dans ce domaine, j'avais été tellement débordée par mon nouveau poste que je n'avais plus eu le temps de mener mes missions de consultante et que j'avais même délaissé mes habitudes de rangement à la maison. Pour ainsi dire, je n'étais plus en phase avec ma propre expertise en matière de rangement. Pas étonnant que ça ne fonctionne pas au travail !

Encore sous le choc, je suis arrivée au travail à 7 heures le lendemain afin de ranger mon bureau. Armée de toutes les connaissances et compétences acquises au fil des ans, j'ai tout bouclé en l'espace d'une heure, mon espace de travail se retrouvant propre et débarrassé de tout le fouillis. Ne restaient plus sur mon bureau que le téléphone et mon ordinateur.

J'aimerais pouvoir dire que mes performances commerciales ont explosé immédiatement, mais la situation n'a pas évolué aussi rapidement. Cependant, j'étais bien plus heureuse à mon bureau. Je trouvais instantanément les documents dont j'avais besoin. Je ne m'arrachais plus les cheveux à les chercher avant de foncer en réunion, et, lorsque je revenais, je pouvais m'atteler sur-le-champ à la tâche suivante. J'ai petit à petit commencé à assurer mes fonctions avec plus de plaisir.

Le rangement était ma passion depuis des années et j'avais déjà l'intuition que ranger son intérieur pouvait changer sa vie. Mais j'ai pris conscience de l'importance d'avoir un espace de travail ordonné. Assise à mon bureau, à l'air flambant neuf, je sentais qu'en le gardant bien rangé, mon travail serait plus amusant et que je pourrais l'aimer.

Pourquoi ranger améliore les performances professionnelles

« Mon bureau est dans une telle pagaille que j'en suis gênée », m'a confié un jour ma collègue Lisa. Elle travaillait au même étage que le mien. Intriguée de me voir remettre mon bureau en ordre, elle s'est mise à me demander des conseils. Ranger n'avait jamais été son truc, même étant petite, et la maison de ses parents regorgeait d'objets de toutes sortes. Son appartement, me dit-elle, était dans le même état. « Non seulement je n'ai jamais rien rangé de toute ma vie, mais il ne m'est jamais venu à l'esprit que je devais le faire », a-t-elle ajouté. Mais travailler en entreprise lui avait fait prendre conscience que son espace était bien plus en désordre que celui de tous les autres employés de la société.

Son histoire n'est pas rare. La grande différence entre un logement et un bureau, c'est qu'au travail les autres nous voient. À la maison, presque personne ne voit nos vêtements ou nos livres, même s'ils sont éparpillés à même le sol. Mais un bureau est un espace commun. Par conséquent, la différence entre un bureau rangé et un bureau en désordre saute aux yeux de tous. Étonnamment, ce fait a bien plus d'influence sur notre vie professionnelle que ne l'imaginent la plupart des gens.

Des études sur l'évaluation des employés au travail ont montré que plus l'espace d'une personne est rangé, plus les autres sont susceptibles de la juger ambitieuse, intelligente, chaleureuse et calme, tandis qu'une autre étude a révélé que ces employés étaient perçus comme étant confiants, sympathiques, assidus et gentils[1]. Cette liste d'adjectifs donne l'impression que ces personnes ont tout des gagnants. En outre, selon certaines études, les personnes ayant le sens du rangement ont tendance à gagner plus facilement la confiance d'autrui et sont plus à même de décrocher une promotion. Outre l'importance d'une bonne réputation pour faire évoluer sa carrière, la recherche conclut constamment que

---

1. Morrow, P. C. & McElroy, J. C. (1981). Interior office design and visitor response: A constructive replication. *Journal of Applied Psychology* 66 (5), p. 646-650 ; Campbell, D. E. (1979). Interior office design and visitor response. *Journal of Applied Psychology* 64 (6), p. 648-653.

nous travaillons pour atteindre le niveau des attentes fixé par les autres. De plus grandes attentes renforcent notre confiance et engendrent généralement de meilleures performances. Cette théorie, connue sous le nom d'« effet Pygmalion », repose sur des études montrant que les notes des étudiants progressent lorsqu'ils ont le sentiment que leurs professeurs s'attendent à ce qu'ils excellent. Il a également été démontré que l'effet Pygmalion était important dans l'univers professionnel, avec une augmentation ou une baisse des performances des employés en fonction du degré de l'attente placée sur eux.

Les conclusions de ces études peuvent se résumer en trois points très simples. Un bureau rangé aboutit à une meilleure évaluation de notre caractère et de nos capacités. Cela renforce notre estime de soi et accroît notre motivation. Résultat : nous fournissons plus d'efforts et nos performances s'en ressentent. Vu sous cet angle, ranger est une bonne affaire, n'est-ce pas ?

Après avoir appliqué mes principes, Lisa a constaté que ses performances commerciales s'amélioraient, son chef l'a portée aux nues et sa confiance en soi professionnelle s'est régulièrement accrue. Quant à moi, disons que j'ai été reconnue dans l'entreprise pour mes capacités en matière de rangement, ce qui m'a fait plaisir.

Les personnes désordonnées sont-elles plus créatives ?

Un bureau nu et rangé est stérile et ennuyeux. « Si la vue d'un bureau encombré évoque un esprit encombré, alors que penser de celle d'un bureau vide ? » Ces paroles ont été attribuées au physicien et génie créatif Albert Einstein. Qu'il ait ou non réellement prononcé ces mots, il s'avère que son bureau était noyé sous des piles de livres et de papiers. De même, Pablo Picasso peignait entouré d'un tas de toiles et Steve Jobs, le fondateur d'Apple, aurait délibérément gardé son bureau encombré. On ne saurait citer toutes les légendes de génies ayant un bureau en désordre tellement elles sont nombreuses. Comme pour les corroborer, une étude récente menée par des chercheurs de l'université du Minnesota a conclu qu'un environnement où règne le fouillis est plus favorable à la créativité[1].

C'est peut-être parce qu'il existe pléthore d'histoires de ce genre qu'on me demande souvent si c'est vrai : « Mais un bureau en désordre, c'est bien, n'est-ce pas ? Ça stimule la créativité, hein ? » Si vous vous demandez si votre bureau encombré pourrait améliorer également votre productivité et s'il vaut la peine de poursuivre la lecture de ce livre, voici un petit exercice que je vous conseille d'effectuer. Commencez par visualiser mentalement votre bureau, studio ou espace de travail ou, si vous vous trouvez actuellement au travail, jetez simplement un œil autour de vous. Répondez ensuite aux questions suivantes :

- Sincèrement, êtes-vous dans un état d'esprit positif quand vous travaillez dans ces conditions ?
- Travailler à ce bureau chaque jour vous met-il vraiment en joie ?

1. Vohs, K. D., Redden, J. P. & Rahinel, R. (2013). Physical order produces healthy choices, generosity, and conventionality, whereas disorder produces creativity. *Psychological Science* 24 (9), p. 1860-1867.

- Êtes-vous certain de laisser libre cours à votre créativité ?
- Avez-vous envie de retrouver demain votre bureau dans cet état ?

Ces questions ne sont pas là pour que vous vous sentiez mal, mais pour vous aider à prendre conscience des sentiments induits par votre environnement professionnel. Si vous avez répondu « oui » sans aucune hésitation à toutes ces questions, la joie que vous éprouvez au travail est impressionnante. Mais si vos réponses sont mitigées, si vous avez senti que le courage vous manquait, même juste un peu, alors il vaut vraiment la peine d'essayer de ranger.

À vrai dire, peu importe la meilleure configuration – un bureau rangé ou le chaos absolu. Le plus important est de savoir quel type d'environnement vous apporte de la joie au travail et de connaître vos critères en matière de joie. Et l'un des meilleurs moyens de le découvrir est de vous mettre à ranger. Nombre de mes clients ayant appliqué cette méthode pour ranger leur logement se retrouvent au final avec un intérieur simple et nu, et se rendent compte par la suite qu'ils souhaitent une décoration plus fournie. C'est là qu'ils commencent à mettre leur patte. Souvent, ce n'est qu'après avoir rangé qu'ils découvrent le type d'environnement qui les met en joie.

Êtes-vous du genre à mieux exploiter votre sens créatif après avoir rangé ou à être plus créatif au milieu de la pagaille ? Peu importe votre profil, le processus de rangement vous aidera à découvrir quel type d'espace de travail joyeux fera s'épanouir votre créativité.

Le cercle vicieux du désordre qui s'accumule

La recherche montre que le désordre diminue le plaisir à être au bureau pour deux raisons essentielles.

Tout d'abord, il a pour effet de submerger le cerveau. Plus nous sommes entourés d'objets, plus le cerveau est surchargé[1]. Nous avons alors plus de mal à identifier, expérimenter et savourer les choses les plus importantes pour nous, celles qui nous mettent en joie.

Ensuite, lorsque nous sommes noyés sous les objets, les informations et les tâches, nous en perdons le contrôle, ainsi que notre capacité de décision[2]. N'étant plus capables de prendre des initiatives et de savoir quoi faire, nous oublions que le travail est un outil pour réaliser nos rêves et concrétiser nos aspirations. Et la passion pour notre métier s'envole. Pire, quand les gens comprennent qu'ils ne contrôlent plus rien, ils vont accumuler encore plus de choses inutiles tout en luttant contre un sentiment de culpabilité et la pression du devoir faire[3]. Résultat, ils reportent sans arrêt la mise en place de solutions et entrent dans le cercle vicieux du désordre, toujours croissant.

Scott

1. KASTNER, S. & UNGERLEIDER, L. G. (2000). Mechanisms of visual attention in the human cortex. *Annual Review of Neuroscience* 23, p. 315-341.

2. BELK, R., YONG SEO, J. & LI, E. (2007). Dirty little secret: Home chaos and professional organizers. *Consumption Markets & Culture* 10, p.133-140.

3. RAINES, A. M., OGLESBY, M. E., UNRUH, A. S., CAPRON, D. W. & SCHMIDT, N. B. (2014). Perceived control: A general psychological vulnerability factor for hoarding. *Personality and Individual Differences* 56, p. 175-179.

Le fouillis immatériel : un sacré prix à payer

Notre bureau n'est pas le seul à mériter d'être rangé. Nous sommes également submergés par le désordre immatériel. La technologie moderne a généré un fouillis numérique, sous la forme d'e-mails, de fichiers et de comptes en ligne. Ajoutez à cela les nombreuses réunions et tâches à gérer et il semble impossible de garder la situation sous contrôle. Pour adopter un style véritablement source de joie au bureau, nous avons besoin de ranger chaque aspect de notre travail, pas uniquement notre espace physique.

Selon une étude, un employé de bureau type passe environ la moitié de sa journée à gérer des e-mails, et sa boîte de réception renferme en moyenne chaque jour cent quatre-vingt-dix-neuf messages non lus[1]. Le Center for Creative Leadership rapporte que 96 % des employés ont le sentiment de perdre du temps à gérer des e-mails inutiles[2]. En outre, près d'un tiers des programmes installés sur la plupart des ordinateurs ne servent jamais. Ces seuls exemples prouvent qu'au bureau, nous sommes envahis par un fouillis numérique.

Et tous ces comptes en ligne que nous devons utiliser ? Un internaute lambda dispose en moyenne de cent trente comptes en ligne par adresse électronique. Même si l'on considère que certains peuvent être

---

1. Workfront (2017-2018). *The State of Enterprise Work Report: U.S. Edition.* resources.workfront.com/ebooks-whitepapers/2017-2018-state-of-enterprise-work-report-u-s-edition (document consulté le 24/04/20).

2. Deal, J. J. (2015). *Whitepaper : Always On, Never Done? Don't Blame the Smartphone.* Center for Creative Leadership.

regroupés et gérés par un seul compte, comme Google et Facebook, le nombre d'identifiants et de mots de passe est impressionnant. Et quand vous avez oublié votre mot de passe ? Vous saisissez, sans succès, toutes les combinaisons de mots de passe et d'identifiants possibles pour finir par abandonner ou les changer.

Malheureusement, les statistiques montrent que rien n'est susceptible de changer. Selon une étude portant sur les salariés américains et britanniques, la perte de productivité due à l'oubli des mots de passe s'évalue au moins à 420 dollars par an et par employé[1]. Dans une entreprise employant environ vingt-cinq personnes, cela représente plus de 10 000 dollars par an. Nous devrions peut-être mettre en place un « fonds pour les mots de passe perdus » avec, chaque fois qu'un mot de passe est oublié, un don automatique vers un compte au profit de la société !

Les réunions prennent également beaucoup de notre temps de travail. En moyenne, un employé perd deux heures et trente-neuf minutes par semaine dans des réunions inutiles[2]. Lors d'une étude menée par des chercheurs auprès de cadres supérieurs, la majorité d'entre eux ont fait part de leur mécontentement à propos des réunions, les considérant comme improductives, inefficaces, trouvant qu'elles interfèrent avec des choses plus importantes et ne contribuent pas à souder les équipes[3].

1. www.centrify.com/resources/5778-centrify-password-survey-summary/ (document consulté le 24 avril 2010).

2. Erwin, J. (29 mai 2014). Email overload is costing you billions – Here's how to crush it. *Forbes*.

3. Perlow, L. A., Hadley, C. N. & Eun, E. (juillet-août 2017). Stop the meeting madness. *Harvard Business Review*. hbr.org/2017/07/stop-the-meeting-madness (document consulté le 24 avril 2020).

Les réunions se tiennent dans l'intérêt de l'entreprise, mais, ironie de l'histoire, ce sont les cadres supérieurs, à savoir les personnes chargées de les organiser, qui les jugent préjudiciables. Les réunions stériles coûtent plus de 399 milliards de dollars par an[1]. Quand j'y pense, avec les pertes générées par l'oubli des mots de passe et les 8,9 milliards de dollars qui s'évaporent à cause de la recherche d'objets égarés, je ne peux m'empêcher de me demander à combien pourraient se monter les recettes pour l'État s'il taxait ce type de désordre. C'est une idée folle, je sais, mais tout de même…

Scott vous explique dans le détail à partir du chapitre 4 comment remédier au désordre immatériel. Pour l'heure, notez simplement que vous devrez lever un certain nombre d'obstacles pour que votre travail vous procure de la joie. Cela signifie que votre marge de progression est importante. Imaginez quand vous aurez organisé non seulement votre bureau, mais également vos e-mails, fichiers et autres données numériques, et que vous serez dans les temps pour vos réunions et pour exécuter vos tâches diverses. Pensez à toute la joie que cela pourrait vous apporter, professionnellement parlant.

Ranger aide à donner un sens à votre vie professionnelle

À l'époque où je travaillais en entreprise, l'une de mes collègues, entrée dans la société deux ans avant moi, m'a demandé conseil pour désencombrer son

1. https://en.blog.doodle.com/state-of-meeting-2019

espace de travail. Pendant nos séances de rangement, elle m'a dit : « Je suis là pour travailler et gagner ma vie, pas pour m'amuser. La vie est plus agréable si tu termines rapidement ton travail et si tu t'attaches à apprécier ton temps libre. »

À chacun sa manière de travailler et son mode de pensée. Je sais que certaines personnes ont la même approche que ma collègue, mais je vais vous parler franchement : quel gâchis ! Dans la mesure où nous sommes payés pour le travail effectué, tous les postes s'accompagnent de certaines responsabilités. Quand nous travaillons dans une entreprise, de nombreux éléments échappent à notre contrôle. Et le temps que nous y sommes, il est irréaliste d'espérer que notre bonheur personnel puisse être une priorité. Contrairement au rangement de notre sphère privée, le rangement au travail ne garantit en rien que tout ce qui y est ou s'y fait sera source de joie.

Ce n'est pourtant pas une raison, et ce serait dommage, de baisser les bras et de ne travailler que par obligation, sans faire des efforts pour allumer une étincelle de joie dans notre environnement. Après la maison, c'est au travail que nous passons le plus clair de notre temps, et il arrive même que nous passions plus de temps au travail qu'à la maison. Le travail est un élément précieux de la vie. Ne serait-il pas logique, tout en exploitant au mieux nos compétences, d'apprécier ne serait-ce qu'un peu notre vie professionnelle ? Et quitte à l'apprécier, pourquoi ne pas travailler de façon à rendre heureux ceux qui nous entourent ?

Certains d'entre vous pensent peut-être : « C'est bien beau de dire ça, mais je déteste mon boulot. Procurer de la joie ? Même pas en rêve ! » Même dans ce cas, je vous conseille de vous essayer au rangement. Ranger peut vous permettre d'accéder à vos véritables désirs, vous montrer ce que vous devez changer et vous aider à être plus heureux dans votre environnement. Et ce n'est pas trop beau pour être vrai !

J'ai vu combien le rangement avait transformé de nombreux aspects de la vie professionnelle de mes clients. Par exemple, une femme s'est remémoré son rêve d'enfance en rangeant ses livres et a ensuite quitté son emploi pour monter son entreprise. En rangeant des documents, une cheffe d'entreprise a identifié un problème au sein de sa structure et a procédé à un changement courageux. Le rangement a permis à une autre cliente de mettre le doigt sur le style de vie qu'elle souhaitait ; elle a changé de poste afin de faire moitié moins d'heures. Ces changements ne sont pas intervenus parce que ces personnes sortaient de l'ordinaire. Ils se sont produits parce qu'elles ont pu passer en revue et choisir de garder ou de jeter tout ce qui se trouvait devant elles.

« C'était supposé être le boulot de mes rêves, mais aujourd'hui, je me débats juste pour maintenir à flot tout un tas de tâches. J'ai toujours envie de rentrer chez moi. »

« Je n'arrive pas à savoir ce que j'ai envie de faire. J'ai essayé plein de choses différentes, je ne sais tout simplement pas ce que je veux vraiment. »

« J'ai tout investi pour en arriver là où je suis, mais je me demande aujourd'hui si c'est vraiment un métier pour moi. »

Si vous avez de tels doutes sur votre poste ou votre carrière, c'est le moment de vous mettre au rangement ! Cela va bien au-delà de trier et de ranger. Il s'agit d'un projet d'envergure qui bouleversera à jamais votre existence. Le but de la méthode que nous vous proposons dans cet ouvrage n'est pas simplement de disposer d'un joli bureau bien rangé, mais d'entamer un dialogue avec vous-même par le biais du rangement pour découvrir d'abord ce qui est important pour vous, en vous penchant sur les raisons pour lesquelles vous travaillez, puis le style de travail que vous aimeriez avoir. Ce processus vous aidera à voir si chaque tâche exécutée est liée à un avenir joyeux. En fin de compte, le véritable objectif est de découvrir ce qui vous apporte de la joie dans votre travail afin que vous puissiez vous y donner à fond. Nous vous invitons à voir par vous-même en quoi le rangement peut vous faire travailler dans la joie.

CHAPITRE 2

Si le désordre revient toujours à la charge

« Monsieur, vous devriez vraiment ranger votre bureau ! »

C'est ce que j'ai laissé échapper un jour devant un client potentiel. Nous étions à l'été de ma deuxième année au sein de l'agence de recrutement, et ma mission consistait à présenter nos services, à savoir définir le type de personnel dont avait besoin chaque entreprise et à proposer des profils intéressants. Je m'occupais des PME. Les entreprises comptant dix salariés ou moins disposent rarement d'un service du personnel et c'est souvent le chef d'entreprise qui s'occupe de tout, y compris du recrutement. Dans ce cas précis, je m'adressais au président. Visiblement surmené et fatigué, il venait de me dire : « Je suis débordé, j'aimerais avoir une secrétaire. »

Soucieuse de mon rôle de recruteuse, je lui ai demandé : « Si vous en embauchiez une, quelles tâches voudriez-vous qu'elle exécute ? »

« Heu, voyons…, hésita-t-il. Eh bien, une chose est sûre, j'aimerais une personne capable d'organiser mes documents et mes accessoires pour écrire. Vous savez, quelqu'un qui me donnerait le bon stylo quand je lui demanderais. Et si cette personne pouvait aussi ranger mon bureau, ce serait très bien. »

C'est là que j'ai mis les pieds dans le plat : « Mais ça, vous pouvez le faire vous-même ! » me suis-je exclamée, ne prenant conscience de mon impertinence qu'une fois ces paroles prononcées, sans parler du fait que je venais en gros de lui dire qu'il n'avait pas besoin de secrétaire. Encore une piste commerciale qui s'envolait !

Mais il a continué de parler comme s'il n'avait rien remarqué. Plus il s'exprimait, plus il était clair que l'organisation n'était pas son fort. Il avait été élevé dans une famille où le désordre représentait la norme et il n'arrêtait pas de perdre des choses. À son premier poste, son patron lui avait dit qu'il était nul en matière d'ordre et ça le complexait encore.

Quand il a eu fini de parler, je lui ai demandé si cela le dérangerait de me montrer son bureau, qui se situait juste derrière la cloison. J'ai tout compris au premier coup d'œil. C'était un bureau gris très simple, mais l'ordinateur, posé au centre, était cerné par ce qui ressemblait à des gratte-ciel futuristes constitués de piles de documents, livres et courriers à l'équilibre instable. À l'époque, je travaillais déjà comme consultante en rangement le week-end et je n'ai pu m'empêcher de lui dire qu'il devrait vraiment ranger son bureau.

Cela a marqué le début de nos cours de rangement, lesquels devaient bien entendu avoir lieu en dehors des heures de travail. Nous nous retrouvions donc tôt le matin ou après sa journée de travail. Au bout de plusieurs séances, il s'est retrouvé avec un bureau bien rangé. En prime, il était tellement ravi des effets du rangement qu'il m'a présenté plusieurs chefs d'entreprise, ce qui a fait bondir mes performances commerciales. À partir de ce moment-là, chaque fois que je me suis rendue chez un nouveau client, j'ai pris l'habitude de jeter un œil au bureau du patron. Les occasions de glisser quelques conseils de rangement se sont multipliées, tout comme le nombre de clients pour mon activité de consultante.

Mais pour être honnête, certains de mes clients ont été victimes d'un effet rebond. Tous n'ont pas été capables de garder un bureau rangé après avoir suivi mes cours. Qu'est-ce qui distinguait ceux qui s'en sortaient des autres ? Leur état d'esprit de départ.

Les informations avec lesquelles nous travaillons sont souvent actualisées avec l'arrivée de nouveaux documents et l'évolution des projets. Et les documents et autres papiers s'entassent rapidement. Même si nous avons déjà rangé notre bureau, il faut, pour rester maîtres de la situation, être stimulés par un état d'esprit permanent et comprendre *pourquoi* nous voulons ranger.

La plupart des personnes que je connais qui sont parvenues à ranger une bonne fois pour toutes ont agi de leur propre initiative. Elles ont également commencé en sachant clairement qui elles voulaient être et le style de vie qu'elles souhaitaient. En revanche, les personnes qui se lancent dans le rangement sans motif précis ou, pire, dans l'espoir que quelqu'un le fasse à leur place, voient le désordre revenir même si elles ont réussi à tout ranger la première fois.

Permettez-moi donc de vous poser tout de suite la question suivante : pourquoi souhaitez-*vous* faire du rangement ?

Si vous répondez que vous souhaitez améliorer vos performances au travail ou dire adieu au stress, c'est très bien. Mais pour rester motivé, vous allez devoir être plus précis et définir, en termes clairs et concrets, votre approche idéale du travail et les effets souhaités du rangement sur votre vie. Donc, avant de commencer, visualisez votre vie professionnelle idéale.

Visualisez votre vie professionnelle idéale

La première étape, cruciale pour connaître le succès, consiste à imaginer en détail une journée idéale tout en vous demandant quel type de travail vous met en joie et quelles valeurs sont importantes dans votre métier.

Quand j'y réfléchis, il me revient toujours à l'esprit l'e-mail que m'a envoyé Michiko, une cliente qui avait mené à son terme le processus de rangement. Elle travaillait chez un fabricant de fournitures médicales. Avant d'entamer le processus, son bureau était toujours encombré de papiers empilés comme les couches d'un millefeuille. En objet de son message, elle avait mis : « Vie professionnelle idéale atteinte ! » Son message disait ceci :

« J'arrive au bureau le matin déjà enthousiaste. Sur mon bureau, il n'y a que le téléphone et une plante. Je prends mon ordinateur et son chargeur, rangés à leur place sur une étagère, et les branche. Après avoir posé le café acheté en route sur mon dessous-de-verre préféré, je rafraîchis l'atmosphère en vaporisant un peu de menthe, je prends une grande inspiration et je me mets au travail. Tout est à sa place, je ne perds donc pas de temps à chercher. Et il ne me faut qu'une seconde pour ranger les choses quand j'ai terminé. Il s'est déjà écoulé deux mois et j'ai encore du mal à croire tout le bonheur que je ressens chaque matin. »

Le message de Michiko, qui respire le bonheur, ressemble à un cas d'école de vie professionnelle joyeuse. Je vous en ai fait part, car il renferme toutes les clés pour bien visualiser votre propre idéal. L'astuce consiste à imaginer dans le détail, comme dans un film, ce à quoi ressembleront vos journées dans leur intégralité une fois que vous aurez fini de ranger. Ces images doivent comprendre trois éléments : l'environnement physique, votre comportement et ce que vous ressentez. Imaginez votre espace de travail, votre bureau propre et bien rangé, les emplacements où se situent toutes les choses, ce que vous y faites, y compris, pourquoi pas, la tasse de café que vous buvez avec plaisir ou des odeurs agréables, sans oublier ce que vous ressentez : par exemple, vous pouvez être enthousiaste, épanoui ou content.

Pour que la vision de votre vie professionnelle idéale soit réaliste, ces trois éléments doivent être traités d'un seul bloc. Mais le plus important est d'imaginer votre état d'esprit quand vous vous trouvez dans votre espace de travail de rêve. Essayez de fermer les yeux et de vous voir en train d'arriver au bureau tôt le matin. Si aucune image ne surgit dans votre esprit, imaginez la scène décrite par Michiko lorsqu'elle s'est assise à son bureau, puis observez ce que vous ressentez. Votre cœur bat-il la chamade ? Sentez-vous une bouffée réconfortante de plaisir envahir votre poitrine ?

Lorsque nous imaginons chaque détail, jusqu'à la réaction physique générée par nos émotions, au lieu de simplement les contextualiser intellectuellement, notre idéal devient presque tangible. Cela renforce naturellement notre désir de connaître cet état, ce qui nous aide à rester motivés.

Il existe un autre aspect important à prendre en considération au moment où vous visualisez votre vie professionnelle idéale : la dimension temporelle. Pensez au déroulement de votre journée : arriver au travail le matin, prendre le temps de faire une pause, terminer votre journée, rentrer chez vous. Imaginez à quoi ressemble votre espace de travail à différents moments de la journée. Si nous étudions notre idéal sous différents angles, comme celui du temps, nous commençons à percevoir les mesures concrètes à prendre ensuite, comme ajouter de la couleur ou rendre plus accessibles nos archives, ce qui renforce encore plus notre motivation.

Il est tout aussi essentiel de vous représenter votre vie professionnelle idéale pour remédier au désordre immatériel. Lorsque vous désencombrez votre boîte de réception, par exemple, imaginez comment vous aimeriez traiter les messages reçus, puis réfléchissez à la quantité idéale de messages dans votre boîte de réception. Quand vous vous occupez de la dimension temporelle, visualisez le temps nécessaire pour chaque type de tâche et votre état d'esprit du moment. Réexaminez ces conditions idéales sous différents angles, comme la productivité, l'efficacité et vos relations avec les membres de votre équipe. Ce n'est qu'une fois fixés les objectifs de rangement à partir d'une vision claire de votre mode de travail idéal qu'il vous sera possible d'aborder le rangement avec le bon état d'esprit.

Petit test sur la joie au travail

Vous avez du mal à visualiser votre vie professionnelle idéale ? Dans ce cas, voici un petit exercice qui vous aidera à identifier vos critères personnels de joie. Lisez chacune des douze propositions suivantes, puis évaluez votre accord ou désaccord avec chacune d'elles sur une échelle de 1 à 5. Il n'y a pas de bonnes ou de mauvaises réponses. Écoutez simplement votre cœur et répondez en toute franchise.
(1 = pas du tout d'accord, 2 = pas d'accord, 3 = sans avis, 4 = d'accord, 5 = tout à fait d'accord.)

- Je prends beaucoup de plaisir à apprendre des choses.
- Au travail, je cherche à relever des défis.
- Travailler avec des personnes qui ont plus de compétences ou une plus grande expertise que moi me fait du bien.

TOTAL

- J'aimerais bénéficier d'horaires variables.
- J'apprécie de pouvoir dire sans risque ce que je pense au travail.
- Je souhaite avoir la liberté de faire mon travail de la manière qui me semble la plus adaptée, sans être trop surveillé.

TOTAL

- Je souhaite gagner un maximum d'argent.
- J'aimerais pouvoir maîtriser mon poste.
- J'apprécie de recevoir des compliments de la part des personnes avec qui je travaille (collègues, clients ou supérieurs hiérarchiques).

TOTAL

- Ma priorité est de nouer des amitiés sincères au travail.
- Au travail, j'aime aider les autres.
- Je préfère travailler en étroite collaboration avec des collègues plutôt que seul dans mon coin.

TOTAL

Faites le total pour chaque lot de trois propositions. Vous aurez ainsi un total pour les trois premières questions, un autre pour les trois questions suivantes, et ainsi de suite. Les trois premières questions concernent l'apprentissage, les trois suivantes la liberté au travail, puis vous avez trois questions sur la réussite et les trois dernières portent enfin sur les relations avec les autres. Les scores obtenus montrent l'importance que vous accordez à chacun de ces domaines. Les domaines pour lesquels le score est supérieur ou égal à 12 sont ceux qui vous tiennent particulièrement à cœur.

Quels sont donc les aspects les plus importants pour vous ? Une fois identifiés, vous pouvez les exploiter pour vous aider à visualiser votre vie professionnelle idéale.

Scott

Tout ranger en une seule fois pour ne jamais subir l'effet rebond

« J'ai rangé mon bureau un million de fois, mais avant d'avoir pu dire ouf, il est de nouveau en pagaille. »

L'effet rebond est l'un des problèmes pour lesquels les gens viennent le plus souvent me consulter. Quiconque ayant déjà fait du rangement y a probablement été confronté au moins une fois. Prenez par exemple ma collègue de travail, Jun. « Je réorganise mon bureau assez souvent, tu sais », a-t-elle dit en me le montrant. « On ne dirait peut-être pas comme ça, mais ranger ne me dérange pas, en fait. »

Quand je vois un bureau qui paraît bien rangé, je jette un coup d'œil rapide sur le dessus, puis je vérifie d'emblée les endroits qui ne sont pas visibles.

Je commence par les tiroirs. Quand je les tire, je tombe souvent sur plein de stylos jamais utilisés, des vieilles cartes de visite, un tas de trombones et de gommes, un vieux baume pour les lèvres, un paquet de chewing-gums périmés, des compléments alimentaires, des couverts en plastique, des nappes en papier, des dosettes de ketchup et de sauce au soja provenant probablement d'un déjeuner à emporter.

Je tire ensuite le fauteuil, je m'accroupis et regarde sous le bureau. Je tends le bras pour retirer les boîtes en carton et sacs en papier enfouis là. Ils sont généralement remplis de documents et de livres, mais aussi de vêtements, de chaussures et d'encas. Les clients affichent alors un air surpris. « Vous voulez dire que je dois aussi ranger sous mon bureau ? » demandent-ils. Ranger juste le dessus de votre bureau ne suffit pas.

Si vous souhaitez que le désordre ne repointe plus jamais le bout de son nez, fixez-vous un objectif simple : connaître tous les éléments de votre espace de travail et savoir où ils se rangent. Quels types d'objets avez-vous et en quelle quantité ? Où vont-ils ? Quels types d'objets ont tendance à s'accumuler à cause de la nature de votre travail et, quand cela se produit, où les mettez-vous ? Ce n'est qu'une fois tous ces éléments bien maîtrisés que vous pourrez dire que vous avez bien rangé.

Comment y parvenir ? En rangeant tout votre espace de travail par catégories d'éléments et en une seule fois. Si vous rangez le dessus de votre bureau aujourd'hui, le premier tiroir demain, puis un autre le lendemain, si vous jetez des choses petit à petit quand vous avez le temps, vous ne réussirez jamais à remettre en ordre votre espace. Commencez par réserver un créneau au rangement. Puis rassemblez tous les objets par catégories et décidez lesquels garder et lesquels jeter. Choisissez ensuite un emplacement pour les choses que vous gardez. Pour ranger correctement, il vous faut procéder dans cet ordre précis.

Avec Scott, nous vous expliquons en détail à partir du chapitre 3 comment ranger par catégories les éléments matériels et immatériels. Pour l'heure, gardez simplement à l'esprit que la clé du succès est de ranger par catégories, rapidement et totalement, en une seule fois. C'est l'essence même de la méthode KonMari, qu'il s'agisse de vous attaquer à votre espace de travail ou à votre logement.

Cela vous paraît peut-être difficile, mais ne vous inquiétez pas. Il est bien plus simple de ranger votre espace de travail physique que de remettre de l'ordre dans une maison. En premier lieu, l'environnement professionnel est bien plus petit, avec un nombre de catégories moins élevé, ce qui permet de décider plus facilement quels objets garder et où les stocker. Et cela prend beaucoup moins de temps. Pour une personne vivant seule et ne possédant pas beaucoup de biens, il faut compter au minimum trois jours pour ranger une maison en appliquant la méthode KonMari, et entre une semaine et plusieurs mois pour une famille, selon la quantité d'objets qu'elle possède. Ranger un simple bureau prend en moyenne cinq heures et, selon la nature de votre travail, cela peut descendre à trois heures. Pour un espace plus vaste, comme un box ou une pièce, on table généralement sur dix heures au maximum. Par conséquent, si vous êtes en mesure d'y consacrer deux journées, vous devriez pouvoir mener à bien le rangement physique de votre espace de travail.

S'il est trop compliqué de vous dégager du temps pour ranger – s'il est impossible de prévoir un créneau de cinq heures consécutives –, essayez de diviser le processus en plusieurs étapes. Le scénario le plus souvent rencontré chez mes clients est le suivant : ils arrivent au bureau deux heures avant le début de leur journée de travail et mènent à son terme le processus en trois séances de deux heures. J'ai remarqué que les clients qui programment des séances de rangement rapprochées adoptent un rythme qui leur permet de terminer rapidement. Donc, si vous n'avez pas beaucoup de temps, je vous conseille d'enchaîner assez rapidement les séances afin d'en maintenir l'intensité. Faire traîner le processus au point de devoir repartir de zéro est une perte totale de temps. C'est l'approche la plus inefficace qui puisse exister en matière de rangement.

Quand je parle de ranger « rapidement et totalement en une seule fois », j'entends en un mois environ. Bien que certaines personnes soient étonnées que l'on accorde un tel délai, un mois n'est rien comparé aux années passées à devoir supporter un bureau encombré. Ce serait super de pouvoir ranger en un ou deux jours, mais y consacrer plus de temps n'est pas un problème. L'important est de fixer une date limite. Vous pouvez, par exemple, décider d'avoir terminé à la fin du mois, puis programmer des créneaux horaires spécifiques. Si vous vous dites simplement que vous rangerez quand vous aurez le temps, vous ne finirez jamais.

Triez correctement en une seule fois, puis attribuez une place à chaque objet gardé. Une fois que vous savez où se trouvent tous les éléments de votre espace de travail, vous n'en perdez pas la trace, même lorsqu'ils ont tendance à se multiplier. C'est ce qui permet de conserver un espace rangé. En apprenant à ranger correctement, n'importe qui peut évoluer dans un espace de travail agréable sans jamais subir l'effet rebond.

Choisir les éléments à garder

« Est-ce que ça me met en joie ? »

Cette question est à la base de la méthode KonMari. C'est un outil simple mais très efficace pour ranger votre logement, un espace privé et personnel. Il s'agit de prendre chaque objet entre vos mains, de ne choisir que ceux qui vous procurent de la joie et de vous débarrasser des autres.

Mais dans le cas d'un espace de travail ? Dans l'univers professionnel, vous avez des contrats, les grandes lignes des prochaines réunions et des badges qui ne vous mettent pas particulièrement en joie mais ne peuvent pas être jetés, ainsi que des objets fonctionnels comme du Scotch, des agrafeuses et des déchiqueteuses, que vous utilisez mais n'êtes pas habilité à jeter s'ils ne vous plaisent pas. Quand vous regardez bien autour de vous, vous trouvez peut-être que votre bureau est laid, que votre chaise n'a rien d'original et même que la boîte à mouchoirs à disposition dans la salle de repos ne vous inspire pas grand-chose. Plus vous inspectez les lieux, plus il est évident qu'il vous est impossible de choisir quoi garder sur la seule base de la joie ressentie. Mais avant que cette situation ne refroidisse vos ardeurs en matière de rangement, revenons à l'essentiel.

Pourquoi souhaitez-vous faire du rangement ?

Quelle que soit votre vie professionnelle idéale, le but reste le même : être capable de travailler dans la joie. Ainsi, lorsque vous rangez, le plus important est de choisir des choses qui contribuent à votre bonheur et que vous avez envie de garder.

Vous devez garder trois types de choses. Tout d'abord, celles qui vous mettent personnellement en joie, comme votre stylo préféré, un carnet avec un motif qui vous plaît sur la couverture ou une photo des personnes chères à votre cœur. Viennent ensuite les objets utilitaires qui vous aident à accomplir votre mission et dont vous vous servez souvent (trombones, ruban adhésif d'emballage…). Ils ne vous mettent pas particulièrement en joie mais vous facilitent la tâche au quotidien. Ils œuvrent à votre tranquillité d'esprit et vous permettent de vous concentrer sur votre mission.

Enfin, vous avez les éléments à l'origine d'une joie future. Les reçus, par exemple, ne procurent pas d'émotions fortes mais ont le mérite indéniable de vous permettre de vous faire rembourser vos frais. Les documents concernant un projet qui ne vous passionne guère seront un plus pour votre carrière quand vous l'aurez mené à bien. Et si être apprécié des autres grâce à votre sérieux fait partie intégrante du rêve que vous souhaitez réaliser, cela participera également de votre bonheur à venir.

Gardez donc en tête ces trois catégories : les choses qui vous mettent en joie, celles vous procurant une joie fonctionnelle et celles menant à une future joie. Voilà donc vos critères à l'heure de choisir les objets de votre espace de travail à garder.

Si l'expression « mettre en joie » ne vous paraît pas bien coller à votre environnement professionnel, n'hésitez pas à la remplacer par une autre plus adaptée. Par exemple, je connais un directeur général qui disait : « Est-ce que cela va aider mon entreprise à prospérer ? » ; un employé de banque : « Est-ce que mon impatience est positive ? » ; et un chef de département fan de baseball : « Est-ce que cela appartient à l'équipe des titulaires, à celle des remplaçants ou est-ce que ça n'a rien à voir avec la stratégie de l'équipe ? »

L'important est de savoir si l'objet que vous avez en main jouera un rôle positif dans votre travail. Gardez toujours à l'esprit que vous rangez non pas pour jeter et désencombrer votre bureau, mais pour concrétiser votre vie professionnelle idéale, celle qui vous mettra en joie.

Choisir quoi jeter est très différent de choisir de garder ce qui vous met en joie

Si vous pensez que choisir ce qui vous met en joie est la même chose que choisir ce que vous allez jeter, vous avez tout faux ! Contrairement aux apparences, décider quoi jeter et décider quoi garder ne sont pas les deux faces d'une même médaille ; d'un point de vue psychologique, elles sont aux antipodes l'une de l'autre. Choisir ce qui nous met en joie, c'est se concentrer sur les aspects positifs de ce que nous possédons, tandis que choisir ce que nous allons jeter, c'est porter notre attention sur la dimension négative.

Des données montrent que les émotions négatives ont un effet plus marqué sur nos pensées que les émotions positives[1]. Une étude examinant cinq cent cinquante-huit termes anglais concernant différentes émotions a conclu que 62 % étaient négatifs, contre seulement 38 % positifs. Dans une autre étude, des participants de sept pays (Belgique, Canada, Angleterre, France, Italie, Pays-Bas et Suisse) devaient consigner par écrit un maximum d'émotions en l'espace de cinq minutes. Les participants des sept pays ont noté plus d'émotions négatives que positives. En outre, parmi les mots les plus utilisés, seuls quatre étaient communs aux sept pays, et parmi ces quatre mots, trois avaient une connotation négative : tristesse, colère et peur. Le seul mot commun aux sept pays et exprimant une émotion positive était la joie.

Comme le démontre cet exemple, le cerveau humain accorde plus de poids aux expériences négatives qu'aux événements positifs. Si nous nous concentrons sur la dimension négative lorsque nous faisons du tri, nous ne pouvons qu'espérer éliminer ce qui ne nous plaît pas. Ne pas être malade n'est pas la même chose qu'être en bonne santé, ne pas être pauvre n'est pas la même chose qu'être riche et ne pas être triste n'est pas la même chose qu'être heureux. De même, nous débarrasser des choses que nous n'aimons pas n'est pas la même chose que choisir ce qui est source de joie.

Par conséquent, concentrez-vous sur le positif – les choses que vous aimez – quand vous rangez. Vous constaterez alors probablement que vous aimez ranger.

Scott

1. Averill, J. R. (1980). On the paucity of positive emotions. In Blankstein, K. R., Pliner, P., Polivy, J. (dir.), *Assessment and Modification of Emotional Behavior. Advances in the Study of Communication and Affect*, vol. 6, Springer, Boston, MA.

Créer un environnement propice à la concentration

Les seuls bruits dans ce bureau feutré sont les cliquetis des claviers et nos chuchotements, ceux de mon client et les miens, alors que nous sommes en pleine séance de rangement.

— Est-ce que ceci est source de joie ?

— Oui.

— Est-ce que ceci est important ?

— Non, je n'en ai plus besoin.

— Et ce document ?

— (Murmure de mon client.) Ah, cela concerne une personne qui a quitté l'agence l'an dernier. Il y a eu quelques remous, voyez-vous.

— Oh, désolée.

Cette séance, qui remonte à l'époque où je commençais à enseigner le rangement aux cadres, m'a permis de retenir une leçon importante. Dans un espace calme, un cours de rangement peut paraître bruyant et il est difficile de parler sans déranger les autres. Mon pauvre client a dû se sentir un peu mal à l'aise.

Lorsque vous rangez votre espace de travail, il est important de créer un environnement favorable à la concentration. Si vous êtes du genre à avoir peur du jugement des autres, le moment où vous rangez est un critère important. S'il vous est possible d'accéder à votre espace de travail pendant vos vacances ou si vous avez votre propre box ou bureau, vous aurez le choix parmi un plus grand nombre de créneaux horaires. Mais si vous travaillez dans un espace ouvert et ne pouvez faire autrement que de ranger en semaine, il vous faudra probablement le faire avant ou après votre journée de travail pour ne pas déranger vos collègues. Pour ma part, j'ai pris l'habitude de donner mes cours de rangement de 7 heures à 9 heures, avant que mes clients entament leur journée.

Ranger tôt le matin présente de nombreux avantages. Quand vous savez que vous allez commencer à travailler à 9 heures, vous rangez en étant efficace et concentré, et dans la mesure où vous êtes encore plein d'énergie, vous êtes plus positif et vous appréciez la démarche. Dans ces conditions, le choix des choses à garder et à jeter se fait en douceur. Voilà pourquoi j'ai répété à mes clients pendant de nombreuses années que le moment idéal pour ranger leur espace de travail était tôt le matin. Mais j'ai commencé à changer de point de vue récemment grâce à l'expérience acquise en enseignant ma méthode dans d'autres pays.

Au Japon, comme il est assez courant de rester tard au bureau, il n'est pas facile de se concentrer sur le rangement après sa journée de travail. Mais dans nombre d'entreprises que j'ai vues aux États-Unis, il n'y a presque plus personne au bureau après 18 heures. Et le vendredi, le nombre de présents diminue progressivement à partir de 15 heures. Il est alors possible de se consacrer au rangement même après le travail.

J'ai également remarqué une autre différence. La plupart des Américains avec qui j'ai parlé m'ont dit que cela ne les dérangerait pas du tout si quelqu'un rangeait son espace de travail pendant la journée, quel que soit le bruit qu'ils entendaient. Pour être sûre que nous nous comprenions bien, j'ai insisté : « Même si c'est dans un espace ouvert et calme, complètement ouvert et calme ? » La réponse était toujours la même.

Manifestement, aux États-Unis, ranger son bureau en toute discrétion, sujet que j'avais étudié pendant des années, n'était pas vraiment un problème.

Au Japon, se soucier de ce que les autres pensent et veiller à ne pas les déranger est un signe de politesse. Je suis certaine que c'est le cas aux États-Unis et dans la plupart des autres pays. Mais grâce à cette expérience, j'ai appris que ce qui dérange les uns ne dérange pas les autres selon les pays. Quand nous rangeons, il est important de créer un environnement où nous sommes à l'aise afin de pouvoir nous concentrer sur notre tâche. Cela peut être de choisir un moment où il y a moins de monde au bureau ou simplement d'avertir nos collègues que nous allons faire du rangement. Nous pouvons même les inviter à se joindre à nous. En fait, je recommande, dans la mesure du possible, à toute l'entreprise de se mettre à ranger en même temps.

Je connais un éditeur japonais qui bloque régulièrement une journée en fin d'année pendant laquelle chaque employé range son bureau. Apparemment, cela a si bien amélioré l'atmosphère et réduit les tensions dans l'entreprise que cette maison d'édition a sorti de multiples ouvrages à succès. Ranger améliore l'efficacité de chaque employé et crée une atmosphère positive. Il est donc logique que cela permette d'obtenir d'excellents résultats. Même s'il n'est pas possible d'impliquer l'intégralité de l'entreprise, ne serait-il pas formidable que tous les membres d'un service ou d'un groupe de travail décident de faire du rangement ensemble ?

Que votre festival du rangement commence !

Quand je me suis mise à proposer des cours de rangement aux cadres, mon emploi du temps est devenu beaucoup plus chargé. En semaine, je donnais des cours de rangement de 7 heures à 9 heures, puis je travaillais dur à mon poste de commerciale de 9 h 30 jusqu'à tard le soir. Le week-end, je proposais des cours de rangement pour la maison. Au cours d'une conversation avec mes collègues de travail, j'ai raconté que j'avais aidé une cliente à finir de ranger sa cuisine pendant le week-end ou qu'un cadre d'entreprise s'était débarrassé ce matin-là de quatre sacs-poubelle pleins de papiers. En un rien de temps, tout le monde a su dans l'entreprise que j'étais impliquée dans le domaine du rangement, et les demandes de leçons de la part de mes collègues et supérieurs ont augmenté.

Mes journées étaient bien remplies et enrichissantes, mais je n'avais jamais rêvé de faire du rangement mon métier. Mes collègues me remerciaient en m'invitant à manger, et même si j'acceptais d'être payée par des clients extérieurs à l'entreprise, je considérais ces leçons de rangement comme une activité annexe et non un véritable emploi.

Mais un jour, un client qui venait de prendre sa dernière leçon de rangement s'est tourné vers moi alors que nous étions en train d'admirer son bureau parfaitement rangé et m'a dit : « Vous devriez vraiment enseigner cette méthode à tout le monde. Vous êtes vraiment la seule à pouvoir faire ça, vous savez. » Ces propos m'ont fait prendre conscience que l'envie de ranger est présente chez de nombreuses personnes et, surtout, que j'adore les aider à la concrétiser. Cela m'a incitée à me mettre à mon compte et j'ai fini par quitter l'entreprise dans laquelle je travaillais afin de me consacrer à mon activité de consultante en rangement.

Depuis, j'ai acquis une grande expérience dans l'activité de conseil. J'ai remarqué petit à petit que plusieurs idées fausses sur le rangement avaient la vie dure. Par exemple, la plupart des gens sont persuadés que le rangement est une corvée pénible qu'ils vont devoir exécuter quotidiennement jusqu'à la fin de leur vie. C'est peut-être également votre opinion, mais il existe en réalité deux types de rangement : le rangement quotidien et le festival du rangement. Le premier consiste à remettre à leur place les choses que vous avez utilisées dans la journée et à décider où caser vos nouvelles acquisitions selon votre système de rangement. Avec le festival du rangement, en revanche, il s'agit de passer en revue tout ce que vous possédez, de vous demander si chaque objet est vraiment important à ce moment précis de votre vie et de mettre en place un système de stockage. J'ai baptisé ce processus « festival du rangement » parce qu'il doit être rondement mené, vite et bien.

Au travail, le festival du rangement consiste à réétudier non seulement tous les éléments physiques mais également tous les aspects immatériels. Par exemple, ranger votre messagerie implique d'étudier les types d'e-mails que vous conservez dans votre boîte de réception. Et lorsque vous vous attaquez à la dimension temporelle du rangement, il s'agit d'évaluer le temps consacré à chaque activité. Vous avez alors une vision complète de la nature et de la quantité d'objets en votre possession. En examinant par la suite les objets de chaque catégorie, un par un, vous pouvez identifier ceux à garder absolument, l'endroit où les ranger ou la priorité à leur accorder.

Ces deux types de rangement sont importants, mais c'est sans nul doute le festival du rangement qui a le plus d'impact sur notre vie. Voilà pourquoi je recommande de commencer par boucler votre festival du rangement avant de vous pencher sur la manière de garder votre espace de travail impeccable au quotidien. Si vous rangez tout correctement en une seule fois et profitez alors d'un cadre de travail bien ordonné, les cellules de votre corps garderont en mémoire le caractère agréable d'un tel environnement. Ce sentiment vous incitera naturellement à tout faire pour que votre espace de travail reste en l'état. Bien entendu, cette approche est tout aussi valable pour les aspects physiques qu'immatériels de votre travail, comme les données numériques et les réseaux (abordés à partir du chapitre 4). Commencez par faire un bilan de votre situation actuelle, puis choisissez ce que vous souhaitez vraiment garder et soyez en joie de travailler dans un espace rangé.

Et maintenant, au travail ! Démarrez en vous demandant quel type de vie professionnelle vous met en joie et visualisez-la de façon vivante. Puis laissez-nous vous aider à donner le coup d'envoi de votre festival du rangement, qui fera de cet idéal une réalité. Fort d'un bon état d'esprit et d'une bonne marche à suivre, vous pourrez atteindre la vie professionnelle dont vous avez toujours rêvé.

CHAPITRE 3

Ranger son espace de travail

Penchons-nous d'abord sur les étapes concrètes pour ranger votre espace de travail physique. Le rangement des éléments immatériels sera traité plus loin.

Que vous travailliez à un bureau ou disposiez de votre propre box ou d'une pièce, les étapes élémentaires de la méthode de rangement KonMari de votre espace physique restent les mêmes.

Pour commencer, ne rangez que les espaces dont vous êtes seul responsable. Il s'agit d'une règle d'or du rangement. Cela signifie que vous devez débuter par votre propre bureau. Si vous disposez, par exemple, d'un espace commun, comme une zone de stockage des fournitures, une salle de repos ou de réunion, laissez-le de côté pour l'instant, même s'il n'est pas rangé comme vous le souhaiteriez.

Si vous travaillez à la maison, faites bien la distinction entre les éléments professionnels et personnels. Par exemple, si vous avez des livres et des documents d'ordre professionnel et d'autres de nature personnelle, concentrez-vous pour l'heure sur tout ce qui a trait à votre vie professionnelle et laissez les éléments personnels pour plus tard, lorsque vous serez prêt à ranger votre logement.

Si vous avez votre propre studio ou atelier, les principes restent les mêmes, mais en fonction du nombre d'objets, le rangement peut prendre plus de temps. Par exemple, si votre espace de travail a la taille d'un grand garage, si vos placards et étagères débordent d'outils et de pièces détachées ou si vous avez du matériel ou des objets d'art en grande quantité, accordez-vous un délai plus long, jusqu'à deux mois, pour mener à son terme le processus de rangement.

Avec la méthode KonMari, l'ordre dans lequel vous procédez est important. Quand il s'agit d'un logement, je conseille généralement de commencer par les vêtements, puis de passer aux catégories plus évoluées dans l'ordre suivant : les livres, les papiers, le *komono* (éléments divers) et les objets sentimentaux. Je recommande cet ordre car commencer par la catégorie la plus facile pour aller vers les plus difficiles permet de développer notre aptitude à choisir quoi garder ou jeter et de décider d'une place pour chaque chose. Concernant l'espace de travail, laissez simplement tomber la catégorie vêtements et occupez-vous des livres, des papiers, du *komono* et des objets sentimentaux.

Les règles de rangement restent les mêmes. Procédez catégorie par catégorie. Commencez par sortir tous les éléments de chaque catégorie ou sous-catégorie, puis réunissez-les tous au même endroit. Par exemple, si vous êtes sur la sous-catégorie stylos et crayons du *komono*, videz sur votre bureau tous vos tiroirs et pots de leurs stylos et crayons. Choisissez ensuite ceux que vous voulez garder. Cette manière de faire vous donne l'aperçu exact de ce que vous possédez dans une catégorie donnée, ce qui vous permet de choisir sans peine ce qui est à garder ou à jeter. Cela facilite également l'étape suivante, qui consiste à ranger par catégories.

Les points importants concernant le stockage sont indiqués pages 77-79. Rien ne vous oblige à trouver une place pour chaque objet tant que le tri n'est pas terminé pour l'ensemble des catégories, mais rien ne vous empêche non plus de leur en assigner une au fur et à mesure que vous avez fini de trier ceux qui vous plaisent dans une catégorie.

Ces principes de base intégrés, le moment est venu de ranger votre bureau par catégories.

Les livres : découvrir vos valeurs en les rangeant

Un ouvrage à succès que vous espériez lire un jour, un manuel de comptabilité que vous avez acheté pour améliorer vos compétences, un livre offert par un client, une revue professionnelle distribuée par l'entreprise… Quels types de livres trouve-t-on dans votre espace de travail ?

Les livres regorgent de précieuses connaissances susceptibles de nous aider à faire notre travail. Alignés sur notre bureau ou nos étagères, ils peuvent nous inspirer ou nous rassurer. Les lire pendant le déjeuner ou la pause-café peut stimuler notre motivation, et les exposer dans notre espace de travail peut lui donner une touche personnelle. Mais, en réalité, nous gardons souvent des livres au travail pour de mauvaises raisons.

L'une de mes clientes avait dans son bureau une bibliothèque remplie de livres qu'elle n'avait pas lus. Nous en avons compté plus de cinquante, dont plus de la moitié s'empilaient sur l'étagère depuis au moins deux ans.

« Je vais en lire le plus possible pendant mes prochaines vacances », a-t-elle déclaré. Mais lorsque nous nous sommes revues, j'ai appris sans surprise qu'elle avait abandonné à mi-chemin. La plupart des livres qu'elle avait réussi à lire étaient ses derniers achats. « Ne pas les lire, c'était trop de gâchis. J'ai décidé de les lire en diagonale, m'expliqua-t-elle. Mais j'ai eu l'impression de lire par obligation. Je faisais ça sans plaisir et j'ai eu un sentiment de gâchis encore plus grand. Alors, j'ai décidé d'en éliminer beaucoup. »

Finalement, elle n'a gardé que quinze livres soigneusement sélectionnés. Tout comme nous, les livres ont leur apogée au cours de leur vie. Et c'est là qu'ils devraient être lus, mais beaucoup ratent le coche. Et vous ? Au bureau, avez-vous des livres qui ne sont plus de première « fraîcheur » ?

Pour faire le tri de vos livres, commencez par les regrouper en un seul endroit. Vous pensez peut-être qu'il vaudrait mieux les choisir à partir de leur titre quand ils sont encore dans votre bibliothèque, mais, s'il vous plaît, ne faites pas l'impasse sur cette étape de regroupement. Les livres restés trop longtemps sur vos étagères font partie du décor. Votre esprit ne les capte plus, même s'ils sont dans votre champ de vision, et il est alors difficile de savoir quels sont ceux qui vous mettent en joie. Ce n'est qu'en les tenant l'un après l'autre entre vos mains que vous pourrez voir en chacun d'eux une entité distincte.

Si vous avez du mal à sentir si un livre en particulier est source de joie, essayez de vous poser certaines questions. Par exemple, quand l'avez-vous acheté ? Combien de fois l'avez-vous lu ? Souhaitez-vous le relire ? Si vous ne l'avez pas encore lu, revoyez-vous en train de l'acheter. Ce souvenir pourrait vous aider à savoir si vous en avez toujours besoin. Si vous avez prévu de le lire « un jour », je vous conseille de fixer une date précise. Sans effort délibéré, ce « jour » ne viendra jamais.

Autre question à vous poser : quel est le rôle de ce livre dans votre vie ? Les ouvrages qui procurent de la joie sont ceux qui vous motivent et vous donnent de l'énergie au moment où vous les lisez et relisez, ceux qui vous rendent heureux par le simple fait de savoir qu'ils existent, ceux qui actualisent vos connaissances et ceux qui vous aident à être plus performant au travail, comme les manuels pratiques. En revanche, les livres achetés sur un coup de tête ou pour épater la galerie, ceux qui vous ont été offerts mais que vous n'êtes vraiment pas certain de lire ont rempli leur mission au moment où vous les avez achetés ou reçus. Le moment est venu de les laisser partir avec gratitude pour la joie qu'ils vous ont apportée par le passé.

Dernière question à vous poser : achèteriez-vous ce livre aujourd'hui si vous le voyiez dans une librairie ou votre intérêt pour lui a-t-il diminué ? Ce n'est pas parce que vous les avez payés que vous êtes obligé de lire jusqu'au bout tous les livres que vous possédez. Nombre de livres ont atteint leur but avant même d'avoir été lus, particulièrement ceux portant sur un même sujet et achetés en même temps. Remerciez-les pour la joie qu'ils vous ont apportée lorsque vous les avez achetés, puis dites-leur adieu.

Ces questions n'ont pas pour objectif de vous contraindre à éliminer négligemment vos livres, mais plutôt de vous aider à explorer la relation entretenue avec chacun d'eux. Vous saurez alors quel livre vous mettra en joie si vous le gardez.

On me demande parfois quelle quantité de livres garder, mais il est impossible de préciser un nombre. Concernant les livres, mais aussi d'autres catégories, la quantité convenable varie d'une personne à l'autre. Ranger présente l'avantage de vous aider à identifier vos critères personnels. Si les livres vous procurent de la joie, vous pouvez en garder un maximum en toute confiance.

Mais au bureau, la place est souvent limitée. Si, à un moment donné, vous sentez que vous vous éloignez de votre vie professionnelle idéale parce que vous avez trop de livres sur place, ajustez leur nombre, mais de la façon qui soit la moins stressante possible pour vous. Vous pouvez les placer sur une étagère attribuée par l'entreprise aux livres d'occasion, en rapporter chez vous, les vendre à des librairies spécialisées dans les livres d'occasion ou en faire don à des écoles, bibliothèques, hôpitaux…

Faire le tri de vos livres est un excellent moyen de vous découvrir personnellement. Ceux que vous choisissez de garder pour la joie qu'ils vous procurent révèlent vos valeurs personnelles. Au début du processus, l'objectif de Ken, l'un de mes clients ingénieur, était de disposer d'un espace bien rangé qui lui permettrait d'être plus efficace. Quand je lui ai demandé de me décrire sa vie professionnelle idéale, il était hésitant, même s'il trouvait bien de pouvoir rentrer plus tôt chez lui.

Mais en balayant du regard ses livres, il a découvert que bon nombre portaient sur le développement personnel et plus particulièrement sur la manière de vivre une existence plus épanouissante et de ressentir une plus grande passion pour son travail. Il a ainsi constaté qu'il avait envie de mieux apprécier son emploi et de s'épanouir en donnant le meilleur de lui-même. Ces éclairages l'ont aidé à retrouver la passion et l'amour de son travail. Comme vous le voyez, le rangement est vraiment un voyage épique dans le domaine de la découverte de soi !

Les papiers : la règle de base est de tout jeter

Après les livres, la catégorie suivante concerne les papiers. La gestion des papiers est généralement la partie la plus chronophage du rangement d'un espace de travail. Même à notre époque, où smartphones et tablettes sont omniprésents et où le nombre de documents papier a considérablement diminué, les gens ont tendance à garder beaucoup de documents physiques.

En matière de papiers, la règle d'or est de tout jeter. Mes clients sont toujours sidérés quand je leur dis ça. Bien entendu, je ne dis pas que nous devons éliminer totalement le papier. J'essaie simplement de vous faire comprendre à quel point notre détermination doit être grande pour ne conserver que les papiers indispensables et éliminer le reste. Il n'y a pas plus agaçant que les papiers dans notre espace de travail. Ils semblent s'accumuler sans que l'on s'en rende compte. C'est tellement mince, une feuille de papier, que nous en gardons souvent sans même nous en apercevoir. Mais à l'heure de les trier, cela prend du temps, car il nous faut en connaître le contenu. Pire, plus nous accumulons de papiers, plus il faut de temps pour trouver des documents ou des rapports particuliers et plus il est difficile de les mettre en ordre. Voilà pourquoi je conseille de dégager dans votre emploi du temps un créneau pour ranger les papiers.

Comme pour les autres catégories, commencez par rassembler tous vos papiers au même endroit, puis passez-les tous en revue. C'est la seule catégorie pour laquelle vous ne pouvez pas vous interroger sur la joie procurée. Au lieu de ça, vous devez vérifier le contenu de chacun d'eux. Même ceux se trouvant dans des enveloppes doivent être sortis et contrôlés feuille par feuille au cas où des prospectus publicitaires ou des documents périmés ou inutiles seraient glissés parmi eux.

En même temps que vous les parcourez, triez-les par catégories. Vous pourrez ensuite les classer plus facilement. Il existe en gros trois catégories de papiers : ceux des affaires en cours, ceux que vous devez garder et ceux que vous voulez garder.

La catégorie des affaires en cours inclut les papiers en attente d'une action de votre part, comme les factures à payer et les propositions de projet à étudier. Je conseille de les classer à la verticale dans une boîte d'archivage en attendant que vous les traitiez. Ainsi, ils ne se mélangeront pas aux papiers des autres catégories.

Voyons maintenant les papiers que vous êtes obligé de garder. La loi nous impose de conserver certains types de rapports, déclarations, contrats et autres documents pendant une durée donnée, qu'ils soient ou non sources de joie. Classez-les par catégories dans un classeur, un dossier ou des chemises. S'il n'est pas obligatoire de garder les originaux, vous pouvez également les numériser afin de les conserver électroniquement (voir le chapitre 4). Dans ce cas, plutôt que de les numériser au fur et à mesure du processus de tri, il est plus efficace de créer une pile « À numériser » et de les passer tous au scanner d'un seul coup. Mais la numérisation renferme des pièges à éviter (voir pages 79-80).

La dernière catégorie est celle des papiers que vous souhaitez conserver pour d'autres raisons. Il s'agit par exemple de documents qui vous serviront de référence ou vous mettent en joie. Vous seul décidez de les garder ou de les jeter. Mais dans la mesure où l'effet rebond est un problème courant quand on s'accroche à des choses « juste au cas où », gardez à l'esprit que la règle élémentaire concernant les papiers est de tout jeter.

Lors de mes leçons de rangement, quand un client a du mal à décider quels papiers garder ou jeter, je le bombarde pour chacun d'eux de questions comme « Quand en aurez-vous besoin ? », « Depuis combien de temps l'avez-vous ? », « À quelle fréquence le consultez-vous ? », « Le même contenu se trouve-t-il sur Internet ? », « En avez-vous une version électronique sur votre ordinateur ? », « Ne plus l'avoir serait-il un problème ? » et « Est-ce qu'il vous procure vraiment de la joie ? »

Si vous avez des difficultés à savoir si vous devez garder ou non un document, ne lâchez pas l'affaire. Ne passez pas à côté de l'occasion. Posez-vous des questions difficiles et promettez-vous de traiter les prochains papiers de façon si minutieuse et exhaustive que plus jamais vous ne serez confronté à une opération de pareille ampleur. Si la perspective de devoir tout jeter vous dérange, imaginez que j'entre dans votre bureau pour vous annoncer que je vais passer tous vos papiers à la déchiqueteuse. Que feriez-vous dans cette situation ? Lesquels voudriez-vous sauver du broyeur ?

Selon votre métier, vous verrez que vous pouvez vous débarrasser de presque tous vos papiers. Une professeure de lycée m'a dit avoir numérisé tout ce qui était essentiel, vidant ainsi complètement deux meubles et améliorant du même coup son efficacité.

Je connaissais également un directeur commercial qui avait pris l'habitude de décider dès la réception d'un document s'il en avait ou non besoin. Il le passait immédiatement à la déchiqueteuse s'il lui paraissait inutile et n'a jamais plus été confronté au phénomène d'empilement des documents. Mais il faut être prudent avec la déchiqueteuse. Ce même directeur était si prompt à la manier qu'il a broyé une lettre de démission de l'un de ses employés, enveloppe comprise. (C'était en fait mon ancien chef et cette lettre qu'il a broyée par inadvertance était la mienne !)

Comment stocker les papiers pour éviter l'effet rebond

Arrivés à ce stade de votre lecture, peut-être êtes-vous, tout au moins certains d'entre vous, légèrement anxieux. Même si vous les rangez, les papiers vont sûrement s'accumuler de nouveau très vite, rendant inévitable le fameux effet rebond. Mais inutile de vous inquiéter. Si vous respectez les trois règles que je vous propose ci-dessous, les papiers ne traîneront plus jamais partout dans votre bureau.

Règle n° 1 : classer tous les papiers par catégories sans exception

Commencez par trier vos papiers par catégories évidentes (présentations, propositions de projet, rapports, factures). Vous pouvez également les classer par dates, projets ou noms de clients, patients ou étudiants. L'un de mes clients a par exemple opté pour les catégories suivantes : conception, management, anglais et documents à conserver. Choisissez le système qui fonctionne le mieux dans votre cas.

Le plus important est de ne jamais conserver ne serait-ce qu'une seule feuille « juste au cas où ». Le moment est venu de classer vos papiers afin de faciliter votre mission au quotidien. Veillez à ce que chaque papier se retrouve dans une catégorie.

Règle n° 2 : ranger les papiers verticalement

Vous connaissez sûrement des gens qui demandent sans arrêt : « Où est passé ce dossier ? » La plupart du temps, ce sont les mêmes qui empilent les dossiers sur leur bureau. Empiler des documents présente deux inconvénients. Tout d'abord, il est difficile de savoir combien vous en avez. Vous ne remarquez pas tout ce que vous accumulez au fil du temps et vous vous retrouvez avec un bureau en désordre. Ensuite, vous oubliez les dossiers qui sont au bas de la pile et perdez du temps à les chercher.

Pour une efficacité optimale, il est indispensable de conserver vos papiers à la verticale dans des meubles pour dossiers suspendus. Attribuez une chemise à chaque catégorie de papiers et disposez ces chemises verticalement dans ce type de meuble ou dans une boîte d'archivage qui prendra place sur une étagère. Cette façon de stocker vous permet de voir tous vos documents d'un coup d'œil. Et vous vous retrouvez avec un espace de travail bien rangé.

Règle n° 3 : prévoir un carton « En attente »

Dans ce carton prendront uniquement place les papiers à traiter dans la journée. Encore une fois, je vous conseille d'utiliser une boîte d'archivage verticale afin d'avoir une idée précise du nombre de papiers à traiter. Si vous préférez, vous pouvez employer une corbeille horizontale, mais attention à ne pas oublier les papiers situés en dessous. Une fois les papiers en attente traités, jetez ceux dont vous n'avez plus besoin.

Comme pour tous les types d'objets, il est incroyablement facile de gérer vos papiers une fois qu'ils sont mis en ordre parce que vous connaissez précisément leur nombre par catégorie et où ils se trouvent. Une fois ce travail fait, balayez du regard votre espace de travail pour déterminer l'espace maximal dont vous disposez pour les entreposer. Si vous dépassez cette capacité de stockage, les papiers vont recommencer à déborder. C'est le signe que vous devez refaire le point. Triez à nouveau les papiers qui n'ont plus besoin d'être gardés et jetez-les.

Attention au piège de la numérisation

Numériser est extrêmement pratique. Il n'y a rien de plus facile que de numériser un document que vous avez décidé de jeter afin d'en conserver les données. Mais cette commodité peut précisément conduire à votre perte.

L'un de mes clients m'a dit un jour qu'il avait voulu numériser des pages importantes de ses livres avant de les jeter, mais que cela lui avait pris plus de temps que prévu. En numérisant, il a pris conscience que cela ne lui procurait aucune joie et a donc décidé de photographier les pages avec son smartphone. Mais cette solution était également chronophage et il a décidé de se débarrasser des livres sans rien sauvegarder. Et il n'a jamais consulté les pages qu'il s'était donné la peine de numériser et photographier.

Autre exemple : alors qu'il suivait des cours de rangement, le propriétaire d'une clinique dentaire continuait de mettre de côté les papiers à numériser avant d'être jetés. Il a à peine diminué son tas tandis que le nombre à numériser ne cessait d'augmenter. Fourrés dans des sacs en papier qu'il entreposait dans un coin de son bureau, ils sont restés là pendant un mois, puis deux, puis trois. À ce rythme, impossible de faire du rangement. Un an plus tard, lors d'une visite à son bureau, j'ai été médusée de voir, toujours là, intacts, les sacs mis de côté pour être numérisés. Il s'est alors rendu compte qu'il n'avait eu besoin d'aucun des papiers stockés dans les sacs depuis un an. Il les a alors tous passés en revue, a gardé ceux qui lui étaient absolument nécessaires et a jeté les autres.

Il faut, bien entendu, numériser certains documents importants, mais avant de vous y mettre, demandez-vous s'il est absolument indispensable de garder une trace de tous les papiers mis de côté pour être numérisés. Il est essentiel d'avoir à l'esprit non seulement le temps que demande cette phase de numérisation, mais aussi celui qui sera nécessaire pour trier et stocker les données passées au scanneur. Si vous avez un assistant qui peut exécuter cette tâche, passe encore, mais si vous devez vous en charger tout seul, cela vous prendra énormément de temps. Si vous voulez malgré tout conserver des documents au format numérique, réservez pour cela des plages horaires spécifiques dans votre planning de rangement. Si vous vous dites simplement que vous les numériserez quand vous aurez un moment, vous ne le ferez jamais.

Triez vos cartes de visite et faites le point sur vos relations

Vous arrive-t-il de jeter un œil à une carte de visite, de vous demander de qui il peut bien s'agir et d'être incapable de mettre un visage sur ce nom ? Cela se produit bien souvent quand on fait du rangement. J'incite toujours mes clients à en profiter pour faire du tri dans leurs cartes, mais beaucoup d'entre eux culpabilisent à l'idée d'en jeter. Au Japon, certains de mes clients hésitent car ils croient que ces cartes renferment une partie de l'âme de la personne. Mais si elles sont si précieuses, plutôt que de les fourrer dans un tiroir et de les oublier définitivement, il serait plus logique de les traiter avec respect, de les remercier pour leur travail et de leur dire au revoir d'une manière qui protège les informations personnelles qu'elles contiennent.

Quand vous triez des cartes de visite, rassemblez-les et regardez-les une par une. Un chef d'entreprise que j'ai conseillé avait quatre mille cartes de visite. Peu de temps après avoir démarré nos cours, il a découvert qu'aucune n'était indispensable parce qu'il était en lien avec presque toutes ces personnes *via* les réseaux sociaux. Il avait également les adresses électroniques de tous ceux avec qui il avait communiqué par e-mail. Il a jeté presque toutes ses cartes, en a numérisé quelques-unes qu'il devait garder, puis en a choisi une dizaine, sources de joie parce qu'elles appartenaient à des personnes qu'il admirait.

Vous pouvez également dire adieu aux cartes de visite des personnes avec qui vous avez déjà été en contact par e-mail ou sur les réseaux sociaux. Si vous n'avez pas le temps de saisir immédiatement les infos dans votre dossier « Contacts », enregistrez les adresses électroniques dans votre ordinateur en les numérisant ou dans votre smartphone en prenant une photo. N'hésitez pas à utiliser les nouvelles technologies pour le stockage. Par exemple, il existe une application qui vous permet de scanner les cartes de visite avec l'appareil photo de votre smartphone et d'enregistrer les infos sur votre liste de contacts.

En ce qui me concerne, lorsque j'ai trié récemment mes cartes de visite, je me suis retrouvée pour finir avec une seule, celle de mon père. Je l'ai gardée, car il a travaillé dans la même entreprise pendant plus de trente ans. Chaque fois que je la regarde, cela me rappelle immédiatement qu'il a subvenu aux besoins de notre famille pendant de nombreuses années.

Comme je ne pouvais pas m'en séparer, je lui ai trouvé une place sur mon bureau.

Si certaines cartes vous inspirent ou vous donnent de l'énergie, conservez-les sans hésiter !

Diviser le *komono* en sous-catégories

« Je n'en vois pas le bout ! J'ai envie d'abandonner ! »

« Je m'y perds vraiment. »

« Ça me rend fou ! »

Quand des clients commencent à m'envoyer ce genre de messages, ils sont presque toujours en train de ranger le *komono*. Après tout, il s'agit de la catégorie comprenant le plus de sous-catégories : petits articles de bureau, *komono* concernant vos passe-temps, fournitures pour l'entretien de la maison, *komono* de la cuisine, denrées alimentaires, produits hygiéniques... Rien que de les énumérer donne le vertige. Mais ne vous inquiétez pas, les sous-catégories de *komono* d'un bureau sont bien moins nombreuses que celles d'un logement. Et si vous avez déjà réussi à ranger vos documents et papiers, vous viendrez aussi à bout du *komono*.

Si vous abordez le *komono* calmement et à votre rythme, vous aurez rapidement une vision d'ensemble des divers types d'objets en votre possession. Voici les sous-catégories que l'on trouve couramment dans un espace de travail classique :

- fournitures de bureau (stylos, crayons, ciseaux, agrafeuses, Scotch...) ;
- éléments électriques (appareils électroniques, chargeurs...) ;

- *komono* spécifique à votre poste (échantillons de produits, matériel artistique, fournitures, pièces…) ;
- produits de soins personnels (cosmétiques, médicaments, compléments…) ;
- alimentation (thé, encas…).

Commencez par rassembler au même endroit tous les éléments d'une même sous-catégorie, puis prenez-les un par un. Si vos tiroirs sont remplis au point qu'il est impossible de voir ce qu'ils contiennent, sortez-les carrément et videz leur contenu sur votre bureau ou à même le sol. Vous pourrez alors mettre de côté les choses que vous souhaitez garder tout en effectuant le tri par sous-catégories.

Les fournitures de bureau

Il existe deux types de fournitures de bureau : les accessoires et les consommables. Lorsque vous vous occupez de cette sous-catégorie, rangez chaque type séparément.

1. **Les accessoires :** cela englobe par exemple les ciseaux et les agrafeuses, dont un seul exemplaire suffit généralement. Les personnes qui ignorent le type et le nombre d'accessoires en leur possession en ont généralement plus que nécessaire. Par exemple, l'un de mes clients avait accumulé trois taille-crayons, quatre règles identiques, huit agrafeuses et douze paires de ciseaux. Quand je lui ai demandé pourquoi il en avait autant, il m'a répondu vaguement qu'il avait perdu le premier exemplaire et en avait donc acheté un deuxième, qu'il ne s'était pas rendu compte qu'il en avait

autant ou qu'il pensait pratique d'en avoir toujours à portée de main.

Un seul exemplaire par type d'accessoire suffit. Alors, choisissez-en un et dites adieu aux autres. Si votre entreprise dispose d'un endroit où sont stockées les fournitures de bureau ou d'un espace de travail commun, rangez le surplus à cet endroit.

2. **Les consommables :** parmi eux, les Post-it, les trombones, les carnets, le papier à lettres et les cartes. Si nous pouvons avoir besoin d'un paquet de Post-it en stock, est-il vraiment utile d'en garder plein les tiroirs ou de conserver dix stylos rouges ? Réfléchissez à la quantité réellement nécessaire (par exemple, cinq paquets de Post-it, trente trombones), puis remettez le reste à l'endroit où sont entreposées les fournitures de bureau.

Les éléments électriques

Lorsque vous rangez le *komono* électrique, il n'est pas rare de trouver des appareils hors service ou obsolètes. À quoi bon garder ce genre de choses ? Certains tiroirs sont remplis d'écouteurs ou de chargeurs allant avec des smartphones disparus. Cela pourrait se comprendre si les personnes avaient l'intention d'ouvrir une boutique vendant des chargeurs d'occasion, mais est-il vraiment utile de tous les garder ? Il arrive même de ne plus savoir à quel appareil correspond tel chargeur. L'espace de stockage est limité dans votre bureau. Voilà donc l'occasion de savoir à quels appareils correspondent ces chargeurs et de leur dire adieu en exprimant toute votre reconnaissance.

Le komono spécifique à votre poste

Nous avons tous des objets propres à notre métier : couleurs et toiles pour les artistes, perles et fil pour les créateurs d'accessoires, échantillons de produits cosmétiques pour les rédacteurs de la rubrique beauté d'une revue. En fonction de la profession, le volume de ces objets peut être énorme ou leur contenu médiocre. Mais c'est précisément parce que ces objets sont directement liés à notre travail qu'ils sont susceptibles de nous mettre en joie une fois le rangement entamé et d'entretenir notre motivation.

Tenez, Leanne par exemple, artiste de son état, qui trouvait que la peinture à l'huile ne lui apportait aucune joie bien qu'elle soit un outil de travail précieux. Elle a changé de produit, créant un nouveau style. Une illustratrice s'est lancée dans une nouvelle carrière de créatrice de costumes après avoir découvert qu'elle adorait le textile. Une pianiste qui avait perdu la flamme a ravivé sa passion pour la musique lorsqu'elle s'est séparée de vieilles partitions. J'entends souvent ce genre d'histoires. Pour nombre de personnes exerçant des métiers créatifs, choisir uniquement des choses qui leur procurent de la joie semble les inspirer et alimenter leur créativité. Ranger et dégager de l'espace libère l'esprit, laisse libre cours à de nouvelles idées et donne la part belle à la créativité.

Prenez chaque élément de cette sous-catégorie et demandez-vous s'il vous met en joie. Si vous prêtez attention à vos émotions, la réponse qui vous vient devrait être d'une évidence incroyable : toutes les cellules de votre corps vont sauter de joie ou couler comme du plomb.

Les produits de soins personnels

Parmi les produits de soins personnels figurent les crèmes pour les mains, les collyres, les compléments alimentaires et tout ce qui nous aide à travailler dans de meilleures conditions. Rester assis à son bureau pendant des heures peut faire apparaître des raideurs au niveau des épaules, un mal de dos et une fatigue oculaire. Vous êtes alors heureux de disposer de produits de soins à portée de main pour soulager la détresse physique.

Kay, une cliente qui travaillait dans une agence de publicité, adorait les accessoires de relaxation. Pendant nos séances de rangement, nous en avons trouvé beaucoup dans ses tiroirs (brosses pour masser le cuir chevelu, masques jetables pour les yeux…). À ma question, elle a répondu qu'elle en avait besoin pour se détendre, car ses journées étaient chargées. « Ce produit n'est même pas encore en vente au Japon », me dit-elle fièrement. « Et cet accessoire pour le visage va faire un tabac, je pense. » Elle était visiblement obsédée par ce genre de choses.

Intriguée par le nombre, je lui ai demandé comment elle faisait pour les utiliser tous. Sa réponse m'a surprise : « J'utilise cette huile essentielle quand je rate le dernier train et que j'ai besoin de me calmer. Et ce masque pour les yeux à base de plantes, je le mets après avoir passé dix heures d'affilée devant l'ordinateur. Ce ballon de massage est super quand je suis nouée. Quand tout le monde est parti, je le mets au sol et je m'allonge dessus. Les sensations sont fantastiques ! »

Ses explications étaient détaillées. Plus je l'écoutais, plus il m'apparaissait évident qu'en dépit de tous ces accessoires de relaxation, ses conditions de travail étaient terriblement difficiles. Je n'ai pas pu m'empêcher de lui demander : « Mais est-ce que travailler ainsi vous procure de la joie ? »

Elle a fini par effectuer moins d'heures supplémentaires et a rapporté chez elle plus de la moitié de ces produits. Elle les apprécie désormais pour se détendre une fois rentrée à la maison. « En réfléchissant à ma vie professionnelle idéale, j'ai pris conscience que je serais plus contente de les utiliser pour me détendre chez moi qu'au bureau. » Ses joues ont repris des couleurs et elle paraissait beaucoup moins stressée.

Les produits de soins personnels que vous conservez au bureau ont beau être fantastiques, si votre vie professionnelle ne vous met pas en joie, vous mettez la charrue avant les bœufs. Commencez par imaginer votre vie professionnelle idéale, puis déterminez les produits de soins personnels qui vous aideront à la concrétiser et ceux qui ne seront d'aucune utilité.

Les encas et autres produits alimentaires

Une cliente qui travaillait au sein d'un groupe de presse avait un tel stock de dosettes de ketchup et de sel, de serviettes en papier et de fourchettes en plastique provenant de repas à emporter qu'ils remplissaient la moitié d'un tiroir. Elle ne savait même pas combien elle en avait jusqu'à ce qu'elle se mette à ranger. Le découvrir a été un vrai choc.

Est-ce que vous entassez des encas, bonbons et chewing-gums dans vos tiroirs ? Si oui, vérifiez les dates de péremption et fixez-vous désormais une quantité limite. C'est l'occasion de dire adieu à l'excédent et de remettre votre bureau en ordre.

En donnant des cours de rangement dans des entreprises américaines, j'ai découvert par hasard une chose de cette catégorie que l'on ne voit jamais dans un bureau japonais. Vous devinez ? Des boissons alcoolisées. Cela ne vaut peut-être pas pour toutes les sociétés américaines, mais au sein de celles que j'ai visitées, pas mal d'employés en conservaient dans leur bureau. Comme un salarié japonais ne boit jamais au bureau, cela a été une vraie surprise pour moi. La découverte des différentes pratiques culturelles rend fascinantes les opérations de rangement que je mène à l'étranger.

Les objets sentimentaux

Cette dernière catégorie est la plus difficile, car il s'agit d'objets ayant une valeur sentimentale, comme les photos et les lettres. Ce qui explique pourquoi on la garde pour la fin. Après avoir traité toutes les autres catégories, vous savez ce qui a de l'importance à vos yeux et vous savez choisir avec plus de subtilité ce qui est source de joie.

Comme pour les autres catégories, rassemblez d'abord tous les éléments au même endroit. Prenez chaque objet entre vos mains et demandez-vous : « Est-ce qu'il me procurera de la joie si je le garde au bureau ? » Si vous répondez qu'il vous a réconforté dans votre travail par le passé, mais que vous n'en avez plus l'utilité, remerciez-le pour ce qu'il vous a apporté et débarrassez-vous-en en exprimant votre reconnaissance. Profitez-en pour réfléchir au sens que revêt ce processus de rangement à travers la manière dont chaque objet vous a permis d'être efficace au travail. Si les objets vous mettant en joie sont trop nombreux pour être tous conservés au bureau, rapportez-en quelques-uns chez vous. Vous pourrez accélérer le processus en les mettant dans un sac pendant la phase de tri. Pensez simplement à repartir avec le sac quand vous aurez terminé.

Si vous avez du mal à vous séparer d'objets sentimentaux, photographiez ceux dont vous allez vous séparer. Lorsque Scott a rangé son bureau, il a eu du mal à dire adieu à des lettres et des photos de ses filles. Le fait de les prendre en photo a facilité les choses. L'endroit où se trouvaient ces lettres et photos est désormais réservé aux dernières contributions de ses filles, ce qui rend cet espace plus joyeux.

Prendre les objets en photo avant de les jeter

La recherche a montré que prendre en photo les objets sentimentaux dont on veut se séparer peut aider à le faire[1]. Dans le cadre d'une étude, des chercheurs ont annoncé une collecte de dons à l'aide de deux affiches différentes placées dans des bâtiments distincts d'une résidence universitaire. L'une incitait simplement les étudiants à faire don d'objets sentimentaux qui les encombraient, tandis que l'autre les invitait à les prendre d'abord en photo avant de

1. Winterich, K. P., Reczek, R. W. & Irwin, Julie R. (2017). Keeping the memory but not the possession: Memory preservation mitigates identity loss from product disposition. *Journal of Marketing* 81 (5), p. 104-120.

s'en séparer. On a enregistré 15 % de dons en plus dans le bâtiment où figurait l'affiche préconisant de prendre une photo des objets avant de s'en séparer.

Scott

Où mettre ce que l'on garde

Une fois que vous avez choisi les objets sources de joie, le moment est venu de les ranger. Il existe trois règles élémentaires de rangement.

Règle n° 1 : choisir où ranger chaque objet et le faire par catégories

L'effet rebond se produit si l'on n'a pas choisi un emplacement attitré pour chaque objet. Parce qu'ils ne savent pas où mettre les choses après les avoir utilisées, les employés se retrouvent de nouveau avec un espace de travail en désordre. Voilà pourquoi il faut décider de l'endroit où sera rangé chaque objet. Il est bien plus facile de garder un bureau en ordre si vous prenez l'habitude de remettre systématiquement à sa place un objet dont vous venez de vous servir.

Il est important de ne pas éparpiller des éléments d'une même catégorie. Entreposer tous les éléments d'une catégorie dans un seul endroit vous permet d'évaluer d'un coup d'œil combien vous en avez. Ce principe présente plusieurs avantages. Quand vous savez ce que vous avez, vous n'accumulez plus d'objets en excédent et n'achetez plus de choses inutiles.

Dans une configuration de bureau classique, on entrepose souvent les cartes de visite et les petits articles de bureau dans le tiroir du haut, les éléments électriques, les produits de soins personnels et la nourriture dans le deuxième tiroir et les documents et papiers dans le troisième tiroir. C'est la disposition de base, mais elle peut varier en fonction du type de bureau ou de la nature des tâches que vous exécutez. Procédez aux ajustements nécessaires et créez un espace dans lequel vous êtes à l'aise pour travailler.

Règle n° 2 : utiliser des boîtes et stocker verticalement

L'espace de stockage d'un bureau (le meuble) est très limité. Il vous faudra donc l'optimiser au maximum. Les boîtes de rangement sont une excellente solution. Il en existe de différentes tailles qui peuvent aussi servir à compartimenter l'intérieur d'un tiroir. Mettez les éléments d'une même catégorie dans une boîte dont la taille et la forme sont adaptées, comme une petite boîte pour les clés USB et une boîte de taille moyenne pour les produits de soins personnels tels que les compléments. Les petits objets sont mieux rangés s'ils sont plutôt posés à la verticale dans une boîte qu'à même un tiroir sans séparations. La boîte leur évite de disparaître dans un tas anonyme et vous permet de voir d'un coup d'œil où ils se trouvent quand vous ouvrez le tiroir.

N'importe quel type de boîte qui entre dans votre tiroir fera l'affaire. Vous pouvez acheter des boîtes spéciales pour tiroir ou récupérer des boîtes vides que vous avez chez vous. Je me sers souvent de boîtes de cartes de visite et des emballages de smartphone. Ils ont la bonne dimension pour un tiroir de bureau, ce qui facilite leur utilisation. L'astuce consiste à disposer les choses verticalement dans la mesure du possible. Vos tiroirs ont ainsi une apparence plus rangée et cela optimise l'espace. Tous les objets dont la hauteur le permet doivent être rangés à la verticale. Même mes gommes et mes Post-it sont rangés à la verticale !

Règle n° 3 : ne rien stocker sur le dessus de votre bureau

Le dessus de votre bureau est une surface de travail et non une zone de stockage. La règle est donc de ne rien y ranger. Choisissez un endroit dans vos tiroirs et sur vos étagères pour chaque objet ou catégorie d'objets. Dans la mesure du possible, les seuls éléments devant figurer sur votre bureau sont ceux dont vous avez besoin pour votre travail en cours. Lorsque vous commencez à ranger, gardez à l'esprit l'image d'un dessus de bureau bien dégagé. Ceux qui adoptent ce principe finissent généralement par avoir uniquement sur leur bureau un ordinateur portable et un objet décoratif ou une plante.

Choisissez un endroit où ranger les choses, même celles dont vous vous servez chaque jour, comme un stylo ou un carnet. Mes clients découvrent souvent avec surprise que les avoir hors de vue quand ils ne les utilisent pas n'est pas gênant. Une fois qu'ils ont constaté qu'un bureau bien rangé leur permet de se concentrer sur leur travail, ils y deviennent rapidement accros.

Bien entendu, cela ne signifie pas que votre bureau doive être complètement nu. Si vous trouvez plus commode de travailler en ayant tout ce qu'il vous faut pour écrire sur un porte-stylos et non pas dans un tiroir, choisissez cette solution. L'important est l'approche adoptée. Nous devons partir du principe de ne rien laisser sur notre bureau, puis choisir avec soin les objets qui, selon nous, nous procureront plus de joie ou faciliteront notre travail s'ils sont sur notre bureau.

Pour résumer : entreposez par catégories, utilisez des boîtes et ne laissez rien sur votre bureau. Gardez à l'esprit ces principes au moment où vous concevez votre plan de rangement. Choisissez une place pour chaque objet et sachez précisément ce que vous possédez, jusqu'aux plus petits éléments.

Comment le rangement peut changer votre vie

J'ai exposé ci-dessus, pour chaque catégorie, les grandes lignes du rangement de votre espace de travail physique. J'espère que cela vous sera utile. Mais si vous êtes toujours anxieux parce qu'il vous semble qu'il y a trop d'étapes ou parce que toutes vos tentatives de rangement ont échoué, ne vous inquiétez pas.

J'ai aidé de nombreuses personnes à ranger leur espace de travail. Même celles qui se vantent de ne rien avoir à jeter découvrent qu'elles diminuent leurs affaires de deux tiers simplement en sortant de leur bureau tout ce qui entre dans une même catégorie, en attrapant les objets un par un et en se demandant chaque fois s'il vaut la peine d'être gardé. Ce face-à-face avec chaque objet montre manifestement qu'il existe un énorme fossé entre ce que nous pensons être un jour nécessaire et notre ressenti sur ce qu'il convient de garder.

De même, alors que de nombreuses personnes sont convaincues d'avoir tellement de choses qu'il leur faudrait au moins six mois pour ranger leur bureau, il n'est pas rare qu'elles bouclent l'affaire en une semaine. Comme vous pouvez le constater, il existe une énorme différence entre imaginer le rangement et le faire. C'est précisément pourquoi lire ce livre sans appliquer mes conseils serait du gâchis, surtout si vous sentez que ça fait tilt. Ce n'est qu'en l'expérimentant que vous pourrez connaître la vraie valeur du rangement.

Mais quelle est cette vraie valeur ? Je pense que ça va au-delà de l'émotion fantastique que l'on ressent quand son joli bureau est bien rangé ou que son efficacité au travail s'améliore. Ranger vous permet de redécouvrir votre moi. Quand vous vous retrouvez face à chacun de vos objets et que vous vous demandez s'il vous met en joie ou s'il contribuera à rendre votre avenir radieux, vous commencez à cerner clairement vos attentes et ce qui vous rend heureux. Et quand vous avez terminé le rangement, votre état d'esprit, votre comportement et vos choix ont évolué. Résultat, votre vie se retrouve transformée de manière spectaculaire. J'ai vu ce phénomène se produire chez d'innombrables clients, mais j'aimerais vous raconter l'histoire de Mifuyu, qui, grâce au rangement, a fait une découverte personnelle majeure qui lui a radicalement changé la vie.

L'expérience qui a changé la vie de Mifuyu

Mifuyu était une brillante représentante marketing pour un magazine de mode de luxe publié par un grand éditeur japonais. Chose courante dans cette branche, elle touchait un excellent salaire et portait les vêtements des dernières marques à la mode. Sa brillante carrière faisait envie à bon nombre de ses pairs. Mais pour une raison qu'elle ignorait, elle avait le sentiment tenace que quelque chose clochait, qu'elle essayait de devenir une personne qu'elle n'était pas au fond d'elle-même. Elle a décidé de suivre des cours de rangement, car elle souhaitait découvrir son vrai moi.

Mifuyu a commencé par sa maison, choisissant de ne garder que ce qui la mettait en joie. Elle a découvert à sa grande surprise que la veste à 2 000 dollars ou les robes de créateur soigneusement rangées dans son armoire la laissaient froide. Elle n'était pas plus attirée par les talons aiguilles qu'elle avait à peine portés. Au lieu de ça, elle ne voulait garder que les vêtements dans lesquels elle se sentait parfaitement à l'aise, comme un T-shirt blanc tout simple, des jeans et un simple châle bleu marine, car elle adorait leur texture. En fin de compte, elle n'a conservé qu'un quart de tous ses biens.

Impressionnée par l'effet du rangement sur sa vie, Mifuyu a décidé d'essayer de ranger son espace de travail. Le week-end suivant, elle est allée au bureau, déserté par tous les employés. Phénomène classique pour les personnes travaillant chez un éditeur, des magazines et manuscrits étaient éparpillés sur son bureau et ses tiroirs étaient remplis de papiers. Après quatre heures de rangement intensif, son espace de travail paraissait flambant neuf, comme si elle venait de prendre ses fonctions. Elle n'avait conservé que deux dossiers renfermant les affaires en cours, quelques accessoires de bureau et trois livres.

Le lundi, ses collègues restèrent bouche bée devant son bureau, stupéfaits de la transformation. « Tu comptes partir ? » ont-ils finalement demandé. Mais la personne la plus surprise était Mifuyu elle-même, particulièrement ébahie par la transformation de son existence. D'abord, elle était émotionnellement bien plus stable. Peu de temps auparavant, on lui avait diagnostiqué une dépression due au surmenage et elle avait été arrêtée. Mais le rangement paraissait lui avoir redonné un équilibre émotionnel et elle était maintenant capable de travailler avec calme et détermination.

Auparavant, quand les choses tournaient mal au bureau, c'étaient les montagnes russes émotionnelles. Soit c'était la faute de la situation ou des autres, et elle se disait que « ce n'était pas le bon moment » ou « c'est parce qu'il a dit ça », soit elle se dépréciait, se tracassant en permanence et se réprimandant pour des erreurs passées. Mais une fois le processus de rangement achevé, elle s'est montrée capable d'accepter ses erreurs de manière constructive, se disant que, la prochaine fois, elle essaierait de procéder différemment. Elle se sentait même reconnaissante d'avoir pu apprendre des choses grâce à ces erreurs.

Le rapport avec le rangement ? Nombre de personnes menant à bien le processus vivent ce genre de changement. Faire face aux biens en notre possession, c'est affronter notre passé. Il arrive que nous regrettions nos achats ou que nos décisions nous gênent. Mais affronter en toute franchise ces sentiments et nous débarrasser des choses en éprouvant de la gratitude parce que nous savons désormais ce dont nous avons vraiment besoin, c'est accepter nos choix passés. En répétant constamment le processus mental consistant à identifier ce que nous voulons vraiment et à décider quoi faire en fonction de ce qui nous procure de la joie, nous développons un regard positif qui va confirmer chaque choix effectué.

« Je savais que mes actes étaient de ma responsabilité, m'a dit Mifuyu. Mais avant de faire du rangement, j'avais du mal à accepter que la situation dans laquelle je me retrouvais était le fruit de mes propres choix. J'étais convaincue d'être incapable de prendre la bonne décision quand c'était vraiment important. Mais, en affrontant une par une mes obsessions, j'ai commencé à voir les choses différemment. J'ai décidé de ne pas me faire de nœuds au cerveau, de vivre plus simplement et de ne me baser que sur ce qui était source de joie pour tous mes choix. J'ai pris conscience qu'être responsable de mes actions signifiait être vraiment honnête avec moi-même dans ma manière de vivre. Je pense que cela m'a aidée à me détendre et à être moins rigide. »

Ensuite, la vitesse de travail de Mifuyu a augmenté de manière spectaculaire. Avant de se mettre au rangement, elle pensait que les délais étaient faits pour être dépassés et finissait toujours à la dernière minute. Mais après avoir adopté le rangement, elle était tout à fait capable de boucler un dossier bien avant la date limite. « Je ne perds presque plus du temps à chercher des choses. Même si je n'ai pas un document dont j'ai besoin, je peux l'emprunter à un collègue ou le télécharger. Il est bien plus rapide et efficace de voir tout de suite qu'il vous manque un élément et de réagir en fonction, plutôt que de fouiller pendant une éternité votre bureau sans même être sûr que le document en question est bien là. » Maintenant qu'elle ne perd plus de temps ainsi, sa vie est beaucoup moins stressante.

Sa vitesse de travail a augmenté pour une autre raison. Elle s'est servie de la méthode KonMari non seulement pour ranger son logement et son bureau, mais également pour mettre de l'ordre dans ses données (contacts de son téléphone portable, relations, contenus professionnels et gestion de son temps), en choisissant quoi garder selon la joie procurée ou son importance pour le mode de vie idéal qu'elle imaginait. Résultat, elle a laissé tomber les tâches qui ne lui apportaient rien et adopté une méthode de travail uniquement axée sur ce qui lui semblait important.

Trois ans plus tard, Mifuyu commentait l'actualité à la télévision et avait signé plusieurs livres. Elle a quitté l'entreprise où elle travaillait pour se mettre à son compte, concrétisant un rêve de longue date, celui de devenir indépendante. Au Japon, elle est un brillant exemple de femme qui s'est créé un style professionnel bien à elle. Elle parcourt le monde avec un smartphone et un ordinateur portable, n'accepte que les missions qui lui plaisent et travaille uniquement avec les personnes qu'elle apprécie. Son propre style de vie constitue l'essence des livres qu'elle écrit. En rangeant ses deux espaces de travail, le physique et l'immatériel, et en ne choisissant que ce qui la met en joie, elle a répandu la joie au bureau au sens premier du terme.

Du rangement physique au rangement immatériel de votre espace de travail

À l'instar de Mifuyu, nombre de personnes qui ont fini de ranger leur espace physique veulent s'attaquer aux aspects immatériels de leur travail, comme les données informatiques, les e-mails, les réseaux et l'utilisation de leur temps. Quand elles ont rangé leur espace physique en choisissant ce qui leur procure de la joie et qu'elles découvrent à quel point il est libérateur de travailler dans un environnement soigneusement rangé, il est naturel qu'elles veuillent ranger tout le reste.

Mais comment s'y prendre ? En appliquant les principes de la méthode KonMari présentés au chapitre 2 : imaginez votre style de travail idéal, triez par catégories, fixez-vous une date limite précise et rangez rapidement et totalement, en une seule fois. Pour choisir quoi garder et quoi jeter, référez-vous aux critères définis pages 54-56 : les choses qui vous mettent tout de suite en joie, celles qui vous procurent une joie fonctionnelle et celles qui mènent à une joie future.

Cela dit, chacune des catégories immatérielles présente des caractéristiques uniques en matière de rangement. Scott les traite en détail dans les chapitres 4 à 10, mais j'y fais aussi part de mes réflexions sur les données numériques, la gestion du temps, les réseaux et les décisions, sur les réunions, les équipes et la culture, autant de sujets que l'on ne peut éluder quand nous souhaitons répandre la joie au travail en collaborant avec les autres.

Si la liste des catégories immatérielles vous paraît écrasante, cela ne doit pas constituer un frein. Une fois que vous aurez démarré, vous constaterez avec surprise que vous aurez hâte d'appliquer vos compétences en matière de rangement à d'autres domaines de votre vie. C'est tout l'impact du rangement. Ancrez donc solidement dans votre esprit l'image d'une vie professionnelle joyeuse et allez de l'avant.

CHAPITRE 4

Ranger les éléments numériques

Tony, spécialiste marketing au sein d'une entreprise du secteur de l'énergie dont le siège se situait au Royaume-Uni, perdait beaucoup de temps à chercher où sauvegarder et retrouver ses documents numériques. Sur le réseau, dans les applications Microsoft, sur le disque dur de son ordinateur et dans les programmes de collaboration tels que Yammer, ses documents numériques étaient un véritable fouillis. Le flux continu d'e-mails, de SMS et de messages vocaux, qui lui prenaient énormément de temps, ne faisait que rendre sa situation insupportable.

La technologie utilisée par Tony avait envahi sa journée de travail (ainsi que ses soirées et week-ends !), il lui fallait faire quelque chose. Il a pris la décision courageuse de modifier l'annonce de sa boîte vocale : « Je n'écouterai pas votre message. Veuillez m'envoyer un e-mail et je déciderai du caractère prioritaire de votre demande et vous répondrai en conséquence. »

Certes, il existait d'autres façons de le contacter, mais il sentait enfin qu'il contrôlait davantage son travail. Ce changement l'a encouragé à s'attaquer à sa messagerie électronique. Mais il ne pouvait s'en déconnecter sans se retrouver licencié – qui le peut ? Il a donc fait ce qu'il pouvait. Il s'est mis à traiter chaque jour tous les e-mails arrivant dans sa boîte de réception pour éviter qu'ils s'accumulent. Il répondait aux demandes simples le jour même de leur réception et s'est octroyé un délai d'une semaine pour traiter les autres. Aujourd'hui, il est beaucoup plus heureux au bureau, comme l'ont bien remarqué ses collègues. La mesure, qui paraissait radicale de prime abord, a été adoptée par la plupart d'entre eux.

Les conseils sur la gestion de la messagerie électronique, l'organisation des fichiers et de son smartphone foisonnent. Les solutions satisfaisantes en matière de gestion de sa vie numérique se multiplient aussi. Les obligations technologiques varient d'un métier à l'autre : dans certaines entreprises, un logiciel de messagerie bien précis est indispensable. Des métiers, comme médecin ou membre des forces de l'ordre, exigent de rester connecté en permanence. À vous de trouver ce qui vous convient et de vous y tenir. Quand vous rangez votre vie numérique, votre objectif principal est de trouver un moyen de mieux contrôler la technologie.

Pour la plupart des gens, la vie numérique se divise en trois parties : les documents numériques (rapports, présentations et feuilles de calcul), les e-mails et les applications pour smartphone. Et ces trois catégories ont toutes le même problème : il est très facile de tout sauvegarder et c'est ce que nous faisons – à tel point que nous avons l'impression de perdre le contrôle sur une technologie qui est supposée nous aider. Et, contrairement aux objets physiques, nous ne remarquons l'entassement des éléments numériques qu'une fois qu'il est trop tard : nous n'avons plus d'espace de stockage disponible, nous ne retrouvons plus rien, notre ordinateur rame ou nous sommes sans arrêt bombardés de notifications. Tout cela n'est pas une fatalité.

Pour maîtriser votre vie numérique, procédez catégorie par catégorie, en commençant par les documents, puis en traitant les e-mails et en terminant par les applications mobiles.

Vous n'avez pas besoin d'une foule de dossiers pour héberger vos documents numériques

Commencez par le dossier « Documents » de votre disque dur ou serveur et ses sous-dossiers, qui contiennent la plupart de vos documents numériques. Attaquez-vous ensuite à votre bureau. Pour les autres dossiers figurant sur la plupart des ordinateurs, tels que ceux destinés aux images ou vidéos, vous pouvez appliquer la méthode décrite ci-après. Prenez chaque fichier du dossier « Documents » et de ses sous-dossiers et posez-vous les questions suivantes :

- Est-ce que j'ai besoin de ce document pour faire mon travail ?
- Est-ce que ce document m'aidera ou m'inspirera pour l'exécution de futures tâches ?
- Est-ce que ce document me procure de la joie ?

Si la réponse à toutes ces questions est non, supprimez ce document.

Peut-être vous souviendrez-vous du contenu du document rien qu'en voyant son nom, mais vous pourriez avoir besoin de l'ouvrir. Si un sous-dossier contient des fichiers sur un sujet que vous ne gardez pas, supprimez carrément ce sous-dossier.

Je ne souhaite pas vous attirer des ennuis, alors veillez à bien respecter les directives de votre entreprise ou les normes en vigueur dans votre secteur d'activité sur la conservation des fichiers. S'il ne vous est pas possible de supprimer ces fichiers techniquement, archivez-les, mais pas dans la zone où se trouvent vos documents essentiels. Même s'ils occupent un peu d'espace de stockage, ces fichiers seront au moins séparés de ceux que vous souhaitez absolument garder. Avec moins de distractions visuelles, vous trouverez plus facilement ce dont vous avez besoin.

Quels que soient le secteur d'activité ou l'entreprise, les gens ont généralement toute latitude pour supprimer les versions provisoires de leurs documents et les listes de tâches qui sont terminées, Ils peuvent aussi vider la corbeille de leur ordinateur. Je vide la mienne le dernier jour du mois.

Soyez reconnaissant envers les éléments dont vous vous débarrassez

Débarrassez-vous de vos données numériques avec gratitude, comme pour les biens matériels. Plutôt que de remercier tous les fichiers un par un, activez simplement votre fonction « Merci » et ayez toujours cette idée à l'esprit quand vous triez votre fouillis numérique.

L'essentiel est de dire au revoir à chaque donnée, jusqu'au fichier le plus insignifiant, en vous montrant reconnaissant du rôle qu'elle a joué dans votre vie. C'est la seule chose dont vous devez vous soucier.

Marie

La technologie de recherche a fait de tels progrès qu'il est aujourd'hui bien plus facile d'organiser vos documents. Mais la science montre que pour trouver leurs fichiers, les gens préfèrent naviguer à travers les dossiers plutôt que de lancer une recherche[1]. Savoir précisément où est rangé un document numérique a quelque chose de rassurant. Même si vous privilégiez les recherches pour trouver vos fichiers, il est important d'organiser vos contenus numériques. Si vous avez énormément de fichiers éparpillés, vos recherches sont susceptibles de déboucher sur de fausses pistes. Vous n'avez pas envie que votre recherche portant sur une étude récemment présentée à un client vous renvoie au projet de rénovation de votre résidence principale ! Et si vous avez de nombreuses versions similaires d'un document, trouver la plus récente peut s'avérer difficile.

Pour ne pas avoir à réfléchir longtemps sur l'endroit où ranger et trouver vos documents, créez une poignée de dossiers principaux. Vous pourrez ensuite vous servir de l'outil de recherche dans un dossier pour localiser rapidement ce dont vous avez besoin. Chaque profession a son lot d'exigences, mais les trois principaux dossiers que j'utilise devraient convenir à de nombreux types de travail.

Projets en cours : avec un sous-dossier pour chaque projet. (Essayez de limiter le nombre de ces sous-dossiers à dix. Après tout, qui peut travailler simultanément sur plus de dix projets ? Si c'est votre

1. Bergman, O., Whittaker, S., Sanderson, M., Nachmias, R. & Ramamoorthy, A. (2010). The effect of folder structure on personal file navigation. *Journal of the American Society for Information Science and Technology* 61 (12), p. 2426-2441.

cas, vous apprendrez dans le chapitre suivant à mettre de l'ordre dans votre temps de travail.)

Consignes : ce dossier renferme les politiques et procédures auxquelles vous accédez régulièrement. Généralement, ces fichiers vous ont été transmis et vous ne les modifiez pas. Il s'agit, par exemple, des contrats et des dossiers d'employés.

Références : dans ce dossier sont placés les documents concernant des projets antérieurs qui seront réutilisés, par exemple pour de nouveaux projets. Ces fichiers pourront vous être utiles pour de nouveaux projets, comme une ancienne présentation qui peut servir de modèle pour un nouveau client. Ce dossier peut contenir des recherches déjà effectuées qui pourraient vous être utiles ultérieurement, comme une analyse comparative de la concurrence ou des informations portant sur un secteur d'activité donné. Vous pouvez également y enregistrer des projets pour disposer d'un portefeuille que vous pourrez montrer aux clients potentiels ou aux nouveaux employés pour pouvoir les former.

Si vous gardez des fichiers personnels dans le même espace de stockage, ajoutez un dossier « Personnel » afin de ne pas faire un mélange des genres.

Faites que vos documents numériques soient bien organisés. Disposer d'un petit nombre de dossiers principaux parlants vous facilitera grandement la vie. Si vous décidez de conserver un nouveau fichier, classez-le dans le dossier le plus approprié, sinon, supprimez-le. L'utilité de vos dossiers se renforce à mesure que vous y rangez régulièrement des fichiers similaires et ne gardez que ceux qui sont véritablement nécessaires. Une fois un projet terminé, décidez s'il mérite d'être déplacé dans votre dossier « Références » ou si vous pouvez vous en débarrasser. Inutile de conserver les consignes de l'entreprise si elles sont accessibles ailleurs ou si vous n'en avez plus besoin.

Se servir avec plaisir du bureau de son ordinateur

Le bureau de votre ordinateur devrait être un endroit spécial, mais pour beaucoup, c'est un dépotoir. Les bureaux sont souvent jonchés de fichiers téléchargés qui n'ont été utilisés qu'une seule fois, de vieilles photos ou de documents tombés aux oubliettes. À un moment donné, j'avais tellement de fichiers sur mon bureau que je ne pouvais même plus lire leur nom ! Chaque fois que j'allumais mon ordinateur, je me retrouvais face à un méli-mélo visuel, et presque tout ce qui figurait sur mon bureau n'avait plus aucune utilité.

Transformez votre bureau en un endroit qui respire la joie et vous aide à faire votre travail.

Peuvent se trouver sur le bureau des documents en cours à traiter, comme des rapports à lire, des présentations à peaufiner dans la journée ou des factures non acquittées. Sur mon bureau figure également un dossier « Sources de joie ». J'y mets des fichiers comme une recherche publiée dont je suis vraiment fier, une évaluation de mon enseignement ou le clip vidéo d'une conférence que j'ai donnée. J'actualise ces éléments à mesure que je publie de nouveaux articles, donne de nouveaux cours ou récupère de nouveaux clients pour des conférences. Je garde également une photo de famille récente.

Enfin, choisissez un fond d'écran inspirant qui vous procure de la joie.

Le bureau de l'ordinateur de Marie

Les seules choses que je garde sur mon bureau sont un dossier intitulé « Stockage » et des éléments divers comme les photos que je voudrais utiliser dans la journée.

Je considère le bureau de mon ordinateur comme un espace de travail, à l'instar de mon bureau physique. N'y sont donc que les choses dont je veux me servir très prochainement. Mon dossier « Stockage » est comme un meuble de rangement. À l'intérieur se trouvent deux sous-dossiers, « Documents » et « Photos », ainsi qu'un document que je dois utiliser bientôt et des photos que j'exploiterai dans les tout prochains jours. Le dossier « Photos » contient des photos que j'aimerais utiliser pour des projets programmés dans un avenir proche.

Le dossier « Documents » renferme des documents, des présentations PowerPoint et des fichiers PDF. J'adore classer et organiser. J'ai donc un sous-dossier pour chacune de ces catégories, mais pour être tout à fait franche, il est inutile d'aller aussi loin. Vous pouvez facilement trouver n'importe quel document en faisant une recherche à l'aide de mots-clés.

C'est pour le dossier « Photos » que les catégories sont cruciales. Les photos possèdent généralement des noms qui ne sont absolument pas parlants, ce qui complique les recherches pour les trouver, mais il n'est pas pensable de les renommer toutes. Voilà pourquoi il vaut mieux les classer dans des sous-dossiers en fonction de leur nature. Personnellement, j'ai des sous-dossiers comprenant les photos que je souhaite conserver pour le travail, comme « Photos de rangement » et « Couvertures de livre », ainsi que les sous-dossiers « Pour Instagram » ou « Pour mon blog », dans lesquels je stocke temporairement des photos en attente d'utilisation, que je supprime une fois que je n'en ai plus besoin.

La joie que procure un bureau rangé peut s'avérer addictive. Mais je dois avouer que le mien n'est bien rangé que depuis peu. Un jour, un fan est venu me parler alors que j'étais en train de travailler sur mon ordinateur portable dans un café. J'ai tellement eu honte de présenter un bureau en désordre que je veille depuis à ce qu'il demeure bien rangé.

Les catégories de dossiers dépendent de votre type de travail. Les idées ci-dessus ne sont que des exemples.

Marie

Ne pas laisser les e-mails prendre le pouvoir sur votre travail

Nous envoyons et recevons bien trop d'e-mails – ça, vous le savez déjà. Mais vous n'avez peut-être pas conscience de l'ampleur du problème. Un employé de bureau type consacre environ la moitié de sa journée[1] à gérer des e-mails et la recherche montre que plus de la moitié des employés estiment que les e-mails les empêchent de faire leur travail[2]. C'était certainement le cas de Sasha. À l'instar de nombre de chefs d'entreprise à la tête de petites structures, cette consultante en développement de marques pensait qu'elle devait être

1. Dewey, C. (3 octobre 2016). How many hours of your life have you wasted on work email? Try our depressing calculator. *Washington Post*.

2. Workfront (2017-2018). *The State of Enterprise Work Report: U.S. Edition*. resources.workfront.com/ebooks-whitepapers/2017-2018-state-of-enterprise-work-report-u-s-edition (document consulté le 24/04/20).

en permanence à la disposition de ses clients. Elle était à ce point obnubilée par la vérification de sa messagerie que son sommeil et son travail en ont pâti. « Je passais tellement de temps à essayer de venir à bout de tous les messages et de rester organisée que cela s'avérait vraiment néfaste pour mon développement et ma productivité », m'a-t-elle confié.

La science montre que plus vous passez de temps sur votre messagerie, moins votre productivité est bonne et plus votre stress augmente[1]. Sachant que cela valait pour elle, Sasha a commencé par planifier des horaires pour répondre aux messages de ses clients, ce qui lui a évité de consulter sa messagerie le restant de la journée. Puis elle les a informés de ses « horaires d'ouverture » par e-mail. Au début, elle craignait qu'ils ne se vexent et a eu l'impression que le niveau de service chutait. En réalité, tout le monde s'en portait mieux. Sasha disposait dorénavant du temps nécessaire pour se concentrer sur son vrai travail et ses clients ont reçu moins d'e-mails, mais mieux ciblés.

Je sais qu'il est tentant de vérifier sans arrêt sa boîte de réception. J'en fais l'expérience. J'ai peur de passer à côté d'un message important et une partie de moi estime qu'être responsable, c'est être réactif à tout instant. Mais j'aime me rappeler que j'ai d'autres obligations, généralement plus importantes. Si vous êtes en permanence tenté de lire vos messages et de répondre, ayez vos propres heures de messagerie pour vous libérer un

1. Mark, G., Iqbal, S. T., Czerwinski, M., Johns, P., Sano, A. & Lutchyn, Y. (mai 2016). Email duration, batching and Self-interruption: Patterns of email use on productivity and stress. In *Proceedings of the 2016 CHI Conference on Human Factors in Computing Systems* (p. 1717-1728). ACM Press, New York.

espace-temps qui vous permettra de travailler sans interruption et avec plaisir – même si ce ne sont que trente minutes par jour.

Des études ont montré qu'il existe essentiellement trois façons d'utiliser sa messagerie électronique et que les trois sont sources de problèmes[1].

Certaines personnes font sans arrêt le ménage dans leur boîte de réception. Ces **classeurs compulsifs** sont toujours sur le qui-vive et, lorsqu'ils reçoivent un message, ils passent immédiatement à l'action. Ils arrêtent ce qu'ils sont en train de faire, lisent le message, puis le classent aussitôt. Le problème que ça entraîne ? Un travail en cours interrompu par un simple e-mail, et ce sont vingt-six minutes perdues pour le reprendre où vous en étiez[2].

Et c'est pire quand les classeurs compulsifs emploient un système de classement sophistiqué et fragmenté. Outre le fait que la maintenance de ce système prend beaucoup de temps, il est difficile de retrouver des fichiers et fastidieux de les classer[3]. Les études montrent qu'il devient trop compliqué de gérer plus de vingt dossiers[4]. Avec trop de dossiers, nous

---

1. WHITTAKER, S. et SIDNER, C. (1996). Email overload: Exploring personal information management of email. *Proceedings of CHI '96* (p. 276-283). ACM Press, New York.

2. IQBAL, S. et HORVITZ, E. (2007). Disruption and recovery of computing tasks: Field study, analysis, and directions. In *Proceedings of the 2016 CHI Conference on Human Factors in Computing Systems* (p. 1717-1728). ACM Press, New York.

3. BÄLTER, O. (2000). Keystroke level analysis of email organization. In *Proceedings of the CHI 2000 Conference on Human Factors in Computing Systems*. ACM Press, New York.

4. *Ibid.* p. 105-112.

passons beaucoup de temps à chercher le bon pour stocker les messages, puis à nous rappeler où il est pour y revenir.

Le deuxième mode de gestion des e-mails consiste à vider la boîte de réception tous les deux ou trois mois. Ces **adeptes du grand nettoyage** traversent des périodes d'encombrement au cours desquelles ils ne retrouvent plus rien, suivies de brèves périodes où leur boîte de réception est pratiquement vide après la suppression de la plupart de leurs messages. Cette méthode n'a que des inconvénients : vivre dans le désordre, puis perdre des messages importants. Je sais que passer d'une boîte de réception pleine au vide sidéral peut faire du bien, mais cela peut vite virer à la contrariété si vous avez supprimé par mégarde un message important.

La troisième approche consiste à laisser simplement les messages s'entasser dans la boîte de réception. Ces **allergiques au classement** ne savent pas comment procéder ou ne veulent pas faire l'effort de gérer leurs e-mails. Ils restent tributaires de la fonction recherche de leur logiciel de messagerie. Cette technologie est de qualité, mais elle fonctionne bien mieux et plus rapidement si elle ne doit pas passer au crible un amas de messages non pertinents.

La gestion des e-mails ne doit être ni compliquée ni longue. Gardez uniquement les messages dont vous aurez besoin par la suite et créez quelques dossiers répondant à une certaine logique.

Commencez par votre boîte de réception, qui est un espace de stockage temporaire des e-mails en attente de traitement. Elle ne doit pas contenir de messages que vous souhaitez garder définitivement ni héberger chaque e-mail reçu.

Lorsque vous vous demandez si vous devez garder un e-mail ou non, posez-vous les questions suivantes :

- Cet e-mail sera-t-il utile à l'accomplissement de ma mission dans le futur ? (Il arrive que nous devions relire un échange d'e-mails ou que nous ayons besoin de nous reporter à une documentation jointe.)
- Est-ce que de relire ce message m'apprendra des choses, m'inspirera ou me motivera pour une tâche ultérieure ?
- Est-ce que cet e-mail me procure de la joie ?

Trouvez une approche sensée et adaptée à vos fonctions. Comme pour les documents numériques, fixez-vous un nombre de dossiers raisonnable (généralement un maximum de dix, sous-dossiers compris). Dans la mesure où vous avez la possibilité de lancer des recherches, si des projets sont liés, stockez les e-mails dans le même dossier. Par exemple, si vous avez des projets tels que « Blog », « Instagram » et « Facebook », vous pouvez créer un dossier intitulé « Réseaux sociaux » qui accueillera les projets de cette nature.

Parmi les autres dossiers utiles figurent par exemple les dossiers d'archivage, comme celui pour les e-mails envoyés par votre supérieur hiérarchique ayant trait aux principes de fonctionnement à respecter. J'aime aussi mon dossier « Joie » où je conserve les messages que je lis quand je passe une sale journée : des e-mails d'étudiants me remerciant pour mes super-cours, des commentaires élogieux sur mes travaux de la part d'autres experts et des compliments de clients pour mes nombreux conseils et mes conférences. Si vous voulez garder une pièce jointe importante, il est généralement préférable de l'enregistrer dans le dossier approprié, avec vos autres documents électroniques.

Après avoir fait le ménage dans votre boîte de réception et classé vos e-mails, passez aux dossiers existants. Commencez par identifier ceux qui méritent d'être conservés. Passer en revue chaque message vous prendra énormément de temps si vous avez sauvegardé tous les e-mails reçus. Supprimez les dossiers dont vous n'avez plus besoin – personnellement, il s'agit des cours que j'ai donnés par le passé. Encore une fois, n'oubliez pas de respecter les règles de conservation des données de votre entreprise ou les normes en vigueur. Par ailleurs, laissez tranquille votre dossier « Envoyés ». Il reste consultable à tout moment et il ne sert à rien d'examiner de manière sélective chacun des messages qu'il contient.

Enfin, traitez vos e-mails quotidiennement. Quand de nouveaux messages arrivent, passez du principe « Je garde tout » à celui du « Je supprime tout », à moins qu'il y ait une bonne raison de les conserver. Le mieux est de planifier quelques créneaux quotidiens pour la gestion des e-mails, comme en début et en fin de journée. Vous constaterez qu'un problème que vous pensiez devoir résoudre le matin se trouve réglé de lui-même le soir. Le recours à des créneaux réservés à la gestion des messages limite également le nombre de distractions et permet de se concentrer sur les tâches les plus importantes. Faites le nécessaire pour que les personnes sous votre responsabilité soient au courant de votre système et qu'elles aient un autre moyen de vous contacter en cas d'urgence, afin que vous ne soyez pas obligé de consulter en permanence votre boîte de réception.

Maintenant, vous pensez peut-être que la méthode décrite ci-dessus ne vous conviendra jamais. Vous n'êtes vraiment pas un adepte du classement et vous vous dites : « Je néglige ma messagerie depuis tellement longtemps que la cause est perdue. » Si vous êtes submergé, j'ai une astuce très simple. Prenez tous vos e-mails et déposez-les dans un dossier « Archives ». Vous pourrez y effectuer des recherches et récupérer n'importe quel document, même parmi toutes les réponses erronées que vous aurez en retour. Repartez ensuite de zéro dans votre manière de faire afin de ne garder désormais que les messages de votre choix et de répartir vos e-mails dans des dossiers précis dont le nombre ne dépasserait pas dix. Mais, dans ce monde numérique plutôt perturbant, vous n'avez tout simplement pas le code pour déplacer le trop-plein de votre boîte de réception vers une zone d'archivage. Avec les conseils qui vont suivre, au lieu de viser le rangement parfait de votre boîte de réception, je vais vous aider à mieux contrôler votre vie numérique, si c'est ce qui vous procure le plus de joie.

Quelle que soit votre approche en matière de messagerie électronique, nous conviendrons tous qu'avoir moins de messages est une bonne chose. Ne confondez pas vos messages avec votre travail. L'e-mail est l'un des nombreux outils pour mener votre mission professionnelle à bien mais ne saurait être votre travail proprement dit.

Prenez les lettres d'information et les fichiers d'adresses. Vous vous y êtes abonné, peut-être pour vous aider à vous améliorer. C'est le moment de vérité : lesquels contribuent réellement à la concrétisation de votre vie professionnelle idéale et lesquels ne sont qu'une distraction parmi d'autres ? Partez du principe que vous allez vous désinscrire de tous ces fichiers et lettres et ne garder que ceux qui vous mettent en joie. Après avoir trié, faites de même avec les lettres d'information que vous recevez par e-mail.

Diminuez ensuite le nombre d'e-mails que vous envoyez. Ce n'est pas parce qu'il est facile d'envoyer un message que vous devez le faire. Vous montrerez également l'exemple aux autres en n'envoyant que les messages nécessaires. Et d'envoyer moins de messages engendrera probablement moins de réponses.

N'envoyez des messages qu'aux personnes devant mener des actions ou ayant besoin d'être consultées ou informées. Ne cédez pas à la folie consistant à mettre tout le monde en copie. Si c'est opportun, demandez à vos collègues s'ils souhaitent ou non entrer dans la chaîne. Avant de mettre en copie quelqu'un, posez-vous quelques instants et soyez honnête avec vous-même : est-ce que vous le faites parce que cette personne a vraiment besoin d'être informée ou parce que vous attendez une réponse de sa part ? Ce sont là deux bonnes raisons. Dans un contexte collectif, ne mettez pas en copie quelqu'un pour piquer son amour-propre, l'accuser ou vous faire mousser.

Soyez particulièrement prudent en cliquant sur « Répondre à tous ». Si votre question, destinée à clarifier un point, ne concerne que le destinataire, ne mettez personne d'autre en copie. Ne soyez pas non plus la personne qui encombre par mégarde toutes les boîtes de réception du groupe avec le programme de sa soirée.

La boîte de réception de Marie

Lorsque je vois énormément d'e-mails en retard, cela me fait toujours penser à une boîte aux lettres qui regorge de courrier.

Les seuls e-mails que je garde dans ma boîte de réception sont ceux à traiter, comme les messages auxquels je dois répondre, qui demandent une action de ma part ou que je lirai attentivement plus tard. Pour que le volume reste gérable, j'ai limité le nombre d'e-mails en attente à cinquante, soit le nombre maximal affichable à l'écran sans recours à l'ascenseur. Si j'ai besoin d'en conserver certains, je les stocke dans quelques dossiers très simples intitulés « Travail », « Personnel » et « Financier ». Les e-mails se retrouvent facilement grâce à la fonction « Rechercher ». Inutile, par conséquent, de créer plein de catégories.

Je supprime les e-mails dont je n'ai pas besoin immédiatement, comme les lettres d'information que j'ai fini de lire. Le contenu des dossiers « Courriers indésirables » et « Éléments supprimés » est automatiquement supprimé au bout de trente jours, mais comme ça me chagrine de voir les e-mails s'entasser, il m'arrive de vider ces dossiers manuellement. Mon approche est peut-être un peu extrême, mais même les adeptes du feng shui disent qu'une boîte de réception rangée vous permet d'avoir les informations dont vous avez besoin quand vous en avez besoin. Si vous remarquez que vous n'avez pas reçu les bonnes informations au bon moment ou si vous souhaitez avoir plus de chance au travail, je vous conseille vivement de faire le ménage dans votre boîte de réception.

Marie

Moins d'applications sur votre smartphone = moins de distractions

On se sert de son smartphone en moyenne quatre-vingt-cinq fois par jour, pour une utilisation totale supérieure à cinq heures[1]. Il y a une raison à cela. Nombre d'applications sont conçues pour que nous y soyons accros, ce qui nous distrait de notre travail.

Ce qui est incroyable, c'est que la simple présence de votre smartphone peut nuire à vos performances, même s'il reste sagement sur votre bureau, en mode silencieux[2]. Dans le cadre d'une expérience, des chercheurs ont demandé aux participants de mettre leur téléphone sur leur bureau, dans leur poche ou leur sac ou dans une autre pièce. Puis ils ont demandé à tous les participants d'exécuter les mêmes tâches, à savoir des maths et un test de mémoire très simple. Les téléphones étaient tous sur silencieux et, pour ceux mis sur le bureau, l'écran était retourné. Aucun des participants n'avait donc le moyen de savoir s'il avait reçu un message ou une notification.

En étudiant les résultats, les chercheurs ont fait une découverte surprenante. Plus le smartphone était accessible – l'accessibilité maximale étant sa présence sur le bureau –, moins les résultats aux exercices de

1. Andrews, S., Ellis, D. A., Shaw, H. & Piwek, L. (2015). Beyond self-report: Tools to compare estimated and real-world smartphone use. *PloS One* 10 (10), e0139004.

2. Ward, A. F., Duke, K., Gneezy, A. & Bos, M. W. (2017). Brain drain: The mere presence of one's smartphone reduces available cognitive capacity. *Journal of the Association for Consumer Research* 2 (2), p. 140-154.

maths et au test de mémoire étaient bons. La seule présence du smartphone nuisait à la performance ! Les chercheurs en ont déduit que le simple fait de savoir que le smartphone était à portée de main était source de distraction et d'épuisement mental, même s'il était sur silencieux et que son écran restait invisible. Penser que vous passez peut-être à côté de quelque chose ou vous demander ce que vous pourriez faire d'autre avec votre smartphone mobilise des ressources mentales. Dans une autre étude, la présence du smartphone au cours d'un examen a entraîné une baisse des notes obtenues par des étudiants[1]. Certes, les smartphones peuvent améliorer la productivité, mais quand nous y sommes trop attachés, ils influent de manière négative sur notre travail. Coupez toutes les notifications à l'exception des plus essentielles et gardez votre téléphone hors de votre vue si vous n'en avez pas besoin. Éteignez-le pendant les repas et mettez-le à bonne distance la nuit. Vous n'avez pas besoin d'emporter votre téléphone partout où vous allez. Une étude récente a révélé que près des trois quarts des Américains emportaient leur téléphone aux toilettes[2]. Croyez-moi, l'e-mail, le SMS ou la notification peuvent attendre que vous ayez tiré la chasse d'eau !

Si vous aviez moins d'applications sur votre smartphone, les distractions seraient moins nombreuses et vous auriez moins de raisons de le garder à portée de main. Alors qu'il est excitant de télécharger la dernière

1. GLASS, A. L. & KANG, M. (2018). Dividing attention in the classroom reduces exam performance. *Educational Psychology* 39 (3), p. 395-408.

2. www.bankmycell.com/blog/cell-phone-usage-in-toilet-survey#jump1 (document consulté le 24/04/20).

application, le comportement par défaut de la plupart d'entre nous est de ne jamais supprimer une application, même si elle n'a plus aucune utilité ou qu'elle ne procure aucune joie. En faisant le ménage dans vos applications, vous récupérez de l'espace disponible et votre batterie reste chargée pour celles qui vous mettent en joie.

Prenez votre smartphone et passez en revue chacune de vos applications. Demandez-vous tout d'abord : « Est-ce que cette application est absolument nécessaire ? » Certaines entreprises imposent des applications spécifiques à tous leurs employés ou pour des projets en particulier. Vous devez donc les conserver.

Demandez-vous ensuite : « Est-ce que cette application m'aide à mieux travailler ? » Qu'il s'agisse d'une application de productivité ou de gestion des dépenses, gardez les applications qui vous rendent plus performant ou vous rapprochent de votre vie professionnelle idéale. Ne cherchez pas d'excuses pour les conserver, comme : « J'ai payé pour l'avoir » ou « Un jour, ça me rendra peut-être service ». Si elle dort dans votre téléphone depuis des mois, vous n'allez pas vous réveiller un jour et enfin l'utiliser.

Posez-vous enfin la question suivante : « Est-ce que cette application me procure de la joie ? » Gardez les applications que vous avez vraiment plaisir à utiliser.

Après avoir examiné en détail ces questions, si vous découvrez une application qui ne vaut pas la peine d'être conservée, débarrassez-vous-en. Et si elle vous fait défaut par la suite, vous pourrez facilement la télécharger de nouveau et n'aurez généralement pas à la racheter.

Après avoir dégraissé le nombre de vos applications, le moment est venu de les classer par catégories et d'organiser votre écran d'accueil. Lors de ce classement, réfléchissez à l'utilité de chaque application et à sa fréquence d'utilisation. Vous pouvez soit rassembler sur l'écran d'accueil les applications les plus utilisées, soit créer des dossiers tels que « Productivité », « Entreprise », « Réseaux sociaux », « Déplacements »… Si vous n'avez pas beaucoup d'applications, libre à vous d'opter uniquement pour deux catégories : « Travail » et « Maison ». Dans la mesure où nous avons chacun une façon différente d'utiliser notre téléphone, il n'existe pas d'approche unique idéale.

Les applications de Marie

L'écran d'accueil de votre smartphone est une source de joie importante s'il est bien rangé. Sur le mien figurent les applications que j'utilise souvent, comme la messagerie, le calendrier et les photos. Le reste va dans trois dossiers : « Affaires », « Vie » et « Joie ». Je ne dispose que d'une dizaine d'applications, que j'ai réparties entre trois écrans différents et qui sont alignées en haut de chacun d'eux. De cette manière, j'ai sous les yeux ce qui me met vraiment en joie chaque fois que je consulte mon téléphone : les photos de mes filles.
Il est bien plus amusant de faire du rangement en veillant à ce que notre smartphone nous mette en joie plutôt qu'en s'attardant sur son côté désordonné.

Marie

Gardez bien à l'esprit que vous êtes aux commandes de la technologie que vous utilisez. Appuyez-vous sur elle pour faire évoluer votre vie professionnelle et pour faire du travail une source de joie. Lorsque vous rangez vos documents numériques, e-mails et applications de smartphone, vous prenez conscience que ce sont simplement des outils destinés à vous épauler dans votre travail et non un entrepôt où fourrer toute votre vie professionnelle !

CHAPITRE 5

Organiser son temps

Les journées de Christina démarraient généralement à 6 heures du matin, pour se terminer aux alentours de minuit dans sa cuisine, devant son unique repas du jour, un bol de céréales. C'était un rare moment de calme, à la maison, qu'elle appréciait car elle passait la majeure partie de sa journée à faire un travail qu'elle trouvait insupportable. Sur le papier, son poste semblait très bien lui convenir. Elle était à la tête d'une start-up hébergée par un grand organisme à but non lucratif, ce qui lui permettait de mettre son esprit d'entreprise au service de sa passion, aider les autres. Alors, quel était le problème ?

L'emploi du temps de Christina était une vraie pagaille ! Comme elle avait l'impression d'être moins appréciée au travail, elle s'était lancée dans des activités extérieures. Elle pensait que faire du bénévolat et décrocher une seconde maîtrise la feraient se sentir plus intelligente, talentueuse et productive. Mais ce n'était pas le cas. Elle s'épuisait.

Malgré des journées très pleines, si quelqu'un lui demandait un peu de son temps, elle acceptait sans hésiter : un oui pour plus tard, facile, lui évitait un non immédiat, pénible et délicat. Et, une fois qu'une activité se retrouvait sur son agenda, elle se sentait obligée de l'y maintenir. L'emploi du temps de Christina était plein six semaines à l'avance.

Sa vie personnelle souffrait du peu de temps dont elle disposait pour sa famille ou ses amis. Elle négligeait sa santé, avait mis sa vie amoureuse de côté et se sentait minable. Sans méthode pour organiser ses différentes activités, elle avait laissé son emploi du temps prendre le pouvoir sur sa vie.

La première mesure de Christina a été de visualiser sa vie professionnelle idéale : « Je veux du temps pour pouvoir dire oui aux imprévus. Je veux pouvoir être dans un train qui soit en retard ou derrière un enfant en bas âge qui marche lentement sans être contrariée parce que je vais être en retard et que ma journée réglée à la minute près sera complètement gâchée. Je ne veux plus être aussi souvent exaspérée. »

Elle a ensuite exporté tous les rendez-vous figurant sur son agenda dans une feuille de calculs Excel, noté le temps qu'elle consacrait à chaque activité, puis comparé le tout à son emploi du temps idéal. Elle a également consigné le degré de joie que lui procurait chaque activité. Les résultats l'ont stupéfiée. Près de la moitié de son temps passait dans des activités qui ne la mettaient pas en joie. Elle l'utilisait à mauvais escient.

Afin que son emploi du temps lui permette de tendre vers une vie professionnelle idéale, Christina a cessé de dire systématiquement oui et a pris pour principe de dire non à tout, sauf aux activités les plus importantes. « J'ai pris conscience que j'avais cet emploi du temps de dingue parce que j'ajoutais des choses qui me plaisaient pour compenser tout ce qui me rendait malheureuse, au lieu d'affronter tout ce qui n'était pas source de joie », a-t-elle conclu.

Christina a annulé avec tact tous les rendez-vous qu'elle jugeait inutiles. Cela englobait les réunions récurrentes qui s'ajoutaient automatiquement à son emploi du temps et auxquelles l'animateur arrivait généralement en retard et souvent sans ordre du jour. Elle a également demandé que chacun soit soucieux de son temps, par exemple en remplaçant un entretien de trente minutes par un appel téléphonique bref. Si quelques personnes ont été relativement contrariées par ce « recul », la plupart ont compris sa démarche. Elle a pris pour prétexte un délai à respecter et demandé à ses collaborateurs de reprogrammer la réunion. Seule une poignée d'entre eux se sont exécutés, preuve toutefois qu'elle n'était pas la seule à juger cette réunion inutile.

Bien entendu, Christina avait encore des responsabilités. Elle devait répondre à des e-mails et exécuter d'autres tâches pour garder son emploi, mais elle a pu supprimer de nombreuses activités inutiles. Ayant plus de temps, elle a commencé à profiter de plaisirs simples (préparer à dîner, faire plus souvent de l'exercice physique, profiter d'un brunch par mois et sortir avec des amis le week-end). Elle a vite trouvé l'amour de sa vie et s'est fiancée !

Avec une vie personnelle de nouveau active, une rencontre a été possible, ce qui n'aurait pu être le cas sans sa nouvelle gestion du temps. Elle a accepté une invitation de dernière minute à un gala. Pendant le repas, elle a discuté avec le dirigeant d'une start-up qui lui a très vite proposé un emploi. Cette rencontre fortuite lui a offert l'occasion qu'elle recherchait : un nouveau départ professionnel et un milieu de travail qui appréciait ses contributions et prenait en compte son temps.

Tout travail s'accompagne de certaines frustrations. Et le nouveau poste de Christina n'échappait pas à cette règle. Mais elle n'était plus prisonnière de cette mentalité du « oui à tout » qui la maintenait débordée dans des fonctions lui apportant peu de joie. Elle l'a d'ailleurs reconnu : « Tous les aspects de mon poste actuel ne sont pas sources de joie. Mais maintenant, je sens si j'ai hâte ou non de travailler sur un projet. Si un travail collectif ne me procure plus de joie, c'est le signe qu'un changement s'impose. »

Pour renforcer le plaisir au travail, la clé est de consacrer plus de temps aux activités qui procurent de la joie et moins aux autres. Cela paraît simple, jusqu'à ce que notre patron nous confie une mission qui prend deux fois plus de temps qu'il le pensait, qu'un collègue nous fasse une demande « urgente » ou que les besoins d'un client transforment notre journée en chaos. Que pouvons-nous faire de manière réaliste pour reprendre le contrôle de notre temps ?

L'anarchie dans les activités perturbe nos journées

Nous pouvons raccourcir nos journées et rendre notre travail plus joyeux si nous savons comment mettre un terme à l'anarchie régnant dans nos activités. Ce type d'encombrement s'explique par toutes ces choses qui prennent un temps précieux et sapent notre énergie, alors qu'elles ne sont pas plus essentielles à notre propre mission professionnelle qu'à celle de l'entreprise. Parmi elles, notamment, ces réunions qui n'apportent pas de nouvelles informations ou ne permettent pas de prendre de meilleures décisions, des projets qui ont peu de chances d'être menés à leur terme et des présentations extrêmement peaufinées mais qui manquent de substance. En moyenne, moins de la moitié de notre journée de travail est consacrée à l'exercice de nos principales responsabilités, le reste du temps étant pris par des interruptions, des tâches accessoires, des tâches administratives, des e-mails et des réunions[1]. Comment en sommes-nous arrivés là ?

Heureusement, la psychologie apporte quelques réponses. Voici les trois pièges qui peuvent générer cette anarchie : trop en faire pour de mauvaises raisons, donner la priorité aux tâches urgentes sur les tâches importantes et faire plusieurs choses à la fois.

Le piège de vouloir trop en faire

Je serai le premier à vous dire que le travail acharné porte ses fruits. Quand j'étais petit, j'ai remarqué à quel point les parents pouvaient se vanter auprès des autres de l'intelligence ou des talents de leurs enfants. Les miens ne se sont jamais comportés ainsi. Ma mère

1. Workfront (2017-2018). *The State of Enterprise Work Report: U.S. Edition.* resources.workfront.com/ebooks-whitepapers/2017-2018-state-of-enterprise-work-report-u-s-edition (document consulté le 4 mai 2020).

disait plutôt de moi que j'étais un travailleur acharné. Cela fait vraiment du bien de voir une chose accomplie après s'être donné du mal pour la faire. Mais qu'en est-il si une grande partie de vos efforts se fait en pure perte parce que vous poursuivez des objectifs qui ne vous plaisent pas ?

Au travail, les gens éprouvent souvent ce sentiment de gâchis parce qu'ils en font trop[1]. Ce que les psychologues appellent l'« *overearning*[2] ». Imaginez-vous participant à une étude de recherche. Vous êtes invité à écouter de la musique agréable dans une pièce. C'est si relaxant… Mais vous avez la possibilité de renoncer à quelques minutes de ce plaisir pour du chocolat. Il suffit d'appuyer sur un bouton pour arrêter la musique et la remplacer par le bruit irritant d'une scie à bois. La relaxation prendra fin, mais vous gagnez une friandise, que vous devrez manger juste après l'expérience. Impossible de la partager ou de la garder pour le lendemain.

J'adore le chocolat et je ferais volontiers un petit effort pour en avoir. C'est ce qu'ont fait la plupart des participants. Et c'est là que la situation a dérapé. Une fois le premier chocolat gagné, ils ont eu du mal à s'arrêter. À la fin de l'expérience, ils avaient tous travaillé pour obtenir plus de chocolats qu'ils ne pouvaient physiquement en manger, qu'ils ne souhaitaient même en manger.

Cette étude nous révèle qu'il est extrêmement facile de mettre beaucoup d'énergie dans quelque chose qui

1. Hsee, C. K., Zhang, J., Cai, C. F. & Zhang, S. (2013). Overearning. *Psychological Science* 24 (6), p. 852-859.

2. Travailler pour gagner au-delà de ses besoins réels. *(N.d.T.)*

n'est pas réellement important. Les gens ont perdu de vue que leur objectif était d'obtenir suffisamment de chocolats pour être satisfaits et ils ont essayé d'en récolter un maximum. Plutôt que de passer le temps nécessaire pour recevoir la récompense souhaitée, ils ont poursuivi les efforts jusqu'à l'épuisement. Et plus ils en faisaient, moins le chocolat était source de satisfaction. Ils ne sont même pas parvenus à apprécier le fruit, ou plus précisément le chocolat, de leur travail !

Obtenir des récompenses et être compétitifs est dans nos gènes, mais les déraillements sont faciles. Lorsque vous choisissez la manière d'occuper votre temps, gardez ceci à l'esprit : ne troquez pas une activité que vous adorez contre une récompense sans importance à vos yeux. En étant attentifs et conscients de ce que nous voulons et de qui nous sommes vraiment, nous pouvons éviter de tomber dans ce piège qui consiste à poursuivre de mauvais objectifs, sources de futurs regrets.

Le piège de l'urgence

Au lieu de prendre le temps de vraiment nous plonger dans notre travail et de vivre avec joie l'arrivée d'une tâche importante, nous sautons d'une tâche en apparence urgente à une autre. Cela nous laisse très peu de temps pour réfléchir ou progresser. La recherche montre que la moitié des activités d'un cadre durent moins de neuf minutes, ce qui lui laisse peu de temps pour approfondir sa réflexion[1]. En usine,

1. MINTZBERG, A., *Le Manager au quotidien : les dix rôles du cadre*, traduit par Pierre Romelaer. Éditions d'Organisation, Paris, 2006.

un contremaître réalise en moyenne cinq cent quatre-vingt-trois activités dans sa journée de huit heures[1]. Les employés de niveau intermédiaire ne travaillent en moyenne que trente minutes sans interruption, plus longtemps environ tous les deux jours[2].

Si vous êtes comme la plupart des gens, vous travaillez en pilote automatique, vous acceptez et exécutez des tâches en vous basant sur ce qui vous paraît le plus urgent au lieu de vous concentrer sur l'essentiel. Il n'est donc pas étonnant que plus de 50 % des employés se sentent submergés, au moins par moments, ce qui entraîne des erreurs, provoque de la colère envers les employeurs et du ressentiment envers les collègues[3].

Mus par des bizarreries psychologiques qui nous font penser que les activités les plus urgentes sont également les plus importantes, nous nous trompons souvent de priorité. Ne confondez pas les tâches urgentes avec les tâches importantes. Ce n'est pas la même chose.

Les tâches urgentes sont celles à terminer dans un certain délai. Si vous n'y parvenez pas, elles sont réduites à néant, par exemple, dîner avec une cliente le seul jour où elle est en ville, aider un collègue à respecter la date limite d'un projet ou assister à un séminaire annuel.

Les tâches importantes sont différentes. Soit elles sont exécutées et les résultats sont très positifs, soit elles ne le sont pas et les conséquences sont extrêmement

---

1. GUEST, R. H. (1956). Of time and the foreman. *Personnel* 32, p. 478-486.

2. STEWART, R. *Managers and Their Jobs*, Macmillan, Londres, 1967.

3. ABC News. *Study: U.S. Workers Burned Out*. abcnews.go.com/US/story?id=93295&page=1 (document consulté le 13 mai 20).

négatives. Ces tâches incluent le développement personnel (qui passe, par exemple, par la lecture et l'instruction), la mise à jour d'un produit ou l'établissement de bonnes relations avec vos collègues.

Certaines tâches sont à la fois importantes et urgentes et la plupart des employés les traitent en priorité, comme remplir sa déclaration fiscale, répondre à une offre d'emploi ou arrondir les angles avec un client mécontent. Généralement, et ce n'est pas surprenant, nous reportons, à bon escient, les tâches non urgentes et accessoires (tout du moins la plupart du temps !) telles que flâner sur les réseaux sociaux ou effectuer des achats en ligne pendant les heures de bureau.

Et qu'en est-il des tâches urgentes mais secondaires, comme assister au rassemblement hebdomadaire de l'entreprise ou répondre à l'appel téléphonique d'un collègue, ou de celles qui sont importantes mais non urgentes, comme l'élaboration de son plan de carrière ? Réfléchissez un instant : sur quoi allez-vous sans doute travailler aujourd'hui ? Probablement sur les tâches urgentes.

Nous privilégions généralement les tâches urgentes par rapport aux tâches importantes parce que ces dernières ont tendance à être plus difficiles à exécuter, ce qui explique que nous rechignions à nous en charger. Les tâches urgentes s'accompagnent d'une gratification plus immédiate, ce qui les rend plus attrayantes pour les commencer et plus agréables à boucler. Si vous essayez de vous sentir bien, tout du moins à court terme, il est logique que vous vous chargiez d'une tâche urgente. Mais à long terme, vous n'effectuez pas le type de travail vraiment important pour votre carrière et votre entreprise.

Des délais artificiels nous poussent également à nous concentrer sur les tâches « urgentes ». Au travail, les « fausses urgences » sont légion. Lorsqu'un collègue de travail ou un client vous demande de revenir vers lui sous une semaine, vous êtes-vous déjà demandé d'où venait ce délai ? Une date limite est très souvent complètement arbitraire. Vérifiez à deux fois pour vous assurer qu'elle est vraiment limite.

Il en est de même quand nous pensons être occupés par d'autres choses. Alors que ce n'est pas le cas, nous sommes encore plus enclins à être happés par une fausse urgence[1]. Quand nous avons tant de pain sur la planche et qu'un autre délai serré nous est imposé, avons-nous le temps de déterminer quelle tâche « importante » il faut exécuter en premier ?

Le piège du multitâche

Je suis sûr que vous avez rencontré, comme moi, des gens qui se vantent d'être des pros du multitâche. Ils s'empressent de parler de leurs superpouvoirs qui leur permettent de tout faire, et en même temps. Avant, je les enviais beaucoup. Je pensais au temps que je pourrais gagner si j'étais capable de faire deux choses en même temps. Mais ce que je n'avais pas compris, c'est que lorsqu'on fait plusieurs choses à la fois, on ne fait généralement rien de bon.

Quand je suis devenu psychologue du travail, j'ai découvert un petit secret : malgré ce que l'on nous

1. ZHU, M., YANG, Y. & HSEE, C. K. (octobre 2018). The mere urgency effect. *Journal of Consumer Research* 45 (3), p. 673-690.

pousse à croire, les adeptes du multitâche ont tendance à être les moins productifs.

La recherche révèle deux faits surprenants à propos du multitâche : premièrement, la baisse de productivité provoquée peut atteindre 40 %[1]. Deuxièmement, ceux qui multiplient les tâches sont généralement les moins capables de les faire avec succès.

Le cerveau humain ne peut penser qu'à un nombre limité de choses à la fois. En en commençant trop, vous n'en ferez que quelques-unes, mais mal, plutôt qu'une seule, mais bien.

Contrairement à ce que pensent la plupart des gens, être multitâche ne veut pas dire mener de front plusieurs activités. Cela signifie généralement passer rapidement d'une tâche à l'autre sans se montrer particulièrement efficace[2]. Et comme les adeptes du multitâche ne sont pas attentifs ou ne savent pas bien basculer d'une tâche à l'autre, ils commettent de nombreuses erreurs[3].

Avec le temps, le multitâche pousse à ne pas privilégier les bonnes activités. Comme ceux pris au piège de l'urgence, les adeptes du multitâche réagissent trop vite face à la situation du moment alors qu'il serait plus utile de chercher à atteindre des objectifs à plus

---

1. www.apa.org/research/action/multitask.aspx

2. Mark, G., Iqbal, S. T., Czerwinski, M., Johns, P. & Sano, A. (mais 2016). Neurotics can't focus: An in situ study of online multitasking in the workplace. In *Proceedings of the 2016 CHI Conference on Human Factors in Computing Systems* (p. 1739-1744), ACM Press, New York.

3. Ophir, E., Nass, C. & Wagner, A. D. (2009). Cognitive control in media multitaskers. *Proceedings of the National Academy of Sciences of the United States of America* 106 (37), p. 15583-15587.

long terme généralement plus importants. Plus le travail est difficile, plus les inconvénients du multitâche se multiplient[1].

Si le multitâche nous rend moins productifs, pourquoi est-il toujours pratiqué ? Ceux qui enchaînent les tâches le font souvent non pas parce qu'ils sont particulièrement doués en la matière, mais parce qu'ils ont du mal à ne pas se laisser distraire et à se concentrer sur une seule tâche[2]. Ils compensent donc en essayant de faire plusieurs choses à la fois. Ne croyez pas à tort que les adeptes du multitâche sont des employés plus productifs et que tout le monde devrait les imiter. C'est absurde. Faire mal beaucoup de choses ne permettra jamais d'être productif.

Empiler les tâches pour découvrir la vraie nature de votre travail

Comment utiliser au mieux le temps dont vous disposez alors que votre agenda surchargé vous fait prendre trop de directions à la fois ? La clé pour éviter d'en faire trop, de céder à l'urgence et de pratiquer le multitâche est d'être attentif à la façon dont vous employez votre temps, puis d'opter pour des activités sources de

---

1. Rubinstein, J. S., Meyer, D. E. & Evans, J. E. (2001). Executive control of cognitive processes in task switching. *Journal of Experimental Psychology: Human Perception and Performance* 27 (4), p. 763.

2. Sanbonmatsu, D. M., Strayer, D. L., Medeiros-Ward, N. & Watson, J. M. (2013). Who multi-tasks and why? Multi-tasking ability, perceived multi-tasking ability, impulsivity, and sensation seeking. *PloS One* 8 (1), e54402.

joie. Il existe un moyen très simple de prendre la responsabilité de l'utilisation de vos journées. Au lieu de vous demander quelles activités abandonner, posez-vous la question suivante : quelles activités dois-je garder ?

Commencez par mettre en tas tout ce que vous faites. À la manière des objets de votre espace de travail physique que Marie vous a aidé à ranger, vous allez « toucher » chacune de vos tâches pour ressentir son caractère sérieux et cerner son importance. Notez sur une fiche (ou dans une feuille de calcul si vous êtes plus numérique) chaque tâche que vous effectuez régulièrement. Les études montrent que la lecture sur papier nous fait mieux évaluer la situation[1]. Créer une pile physique de tâches a le même objectif que rassembler des affaires dans une pièce afin d'avoir conscience de tout ce que vous avez accumulé. En voyant votre montagne de tâches, vous pourrez vous poser des questions sur ce que vous faites et pourquoi vous le faites.

La plupart des gens se retrouvent avec trois piles distinctes : les tâches centrales, les tâches liées à un projet et les tâches de développement.

1. **Les tâches centrales :** ce sont les activités courantes et essentielles de votre poste, les choses clés que vous faites et qui justifient votre présence au travail. Pour un cadre d'entreprise, les tâches centrales peuvent comprendre l'élaboration de budgets, la planification ou l'encadrement d'une structure ou d'une équipe. Pour un scientifique,

1. MANGEN, A. (2017). Textual reading on paper and screens. In BLACK, A., LUNA, P., LUND, O. & WALKER, S. (dir.). *Information Design: Research and Practice*. Routledge, New York, p. 275-289.

il s'agira, par exemple, de mettre au point des expériences, d'analyser des données et de diffuser des résultats. Pour un professeur, ce sera préparer les cours et corriger les devoirs.

2. **Les tâches liées à un projet :** c'est le type de tâche qui a un début et une fin bien visibles : planifier un événement, concevoir une brochure ou lancer un produit.
3. **Les tâches de développement :** ce sont les tâches qui nous aident à évoluer ou apprendre, comme suivre une formation, lire, assister à des conférences ou prendre en charge une nouvelle tâche. Elles doivent faire progresser votre vision de la vie professionnelle.

Ne vous inquiétez pas si certaines tâches correspondent à plusieurs catégories. Placez-les sur la pile la plus adaptée.

Qu'avez-vous découvert sur la manière dont vous occupez votre temps et quel est le lien avec votre vie professionnelle idéale ? Si votre idéal professionnel est d'évoluer, quelle est la hauteur de la pile des tâches de développement par rapport aux deux autres ? Vous lancez-vous suffisamment de défis ? Apprenez-vous assez ? Recevez-vous suffisamment souvent d'avis de la part de vos confrères ? Si vous aimez vous lier aux autres, combien de tâches impliquent de travailler en groupe ? S'agit-il des personnes avec qui vous souhaitez passer du temps ?

Évaluer les tâches pour que votre travail devienne plus agréable

Votre pile de tâches s'apparente à un miroir : il réfléchit ce que vous faites. Comment vous sentez-vous quand vous regardez dans ce miroir ? J'ai découvert que la plupart des gens voient des occasions de se rapprocher de leur vie professionnelle idéale, mais n'ont pas suffisamment confiance en eux pour opérer des changements. Ne sous-estimez pas votre capacité à contrôler les choses ni l'influence des petites transformations sur votre plaisir quotidien au bureau.

Une fois toutes vos tâches classées par piles, passez en revue chaque pile en commençant par la plus facile à ranger (généralement, vos tâches centrales), puis en passant aux tâches liées à un projet, avant de terminer par les tâches de développement. Prenez chaque tâche et demandez-vous :

- Est-ce que cette tâche est indispensable pour que j'excelle dans mes fonctions ?
- Est-ce que cette tâche m'aidera à créer un avenir plus radieux, par exemple en me permettant d'obtenir une augmentation, une promotion ou de maîtriser une nouvelle compétence ?
- Est-ce que cette tâche me procure de la joie et une plus grande satisfaction dans mon travail ?

Cessez toute tâche qui ne répond pas à l'une de ces trois conditions.

Et maintenant, que se passe-t-il si vous avez trop de tâches importantes mais qui ne vous mettent pas en joie ? Que se passe-t-il lorsque votre chef veut que vous conserviez la moindre tâche, même celles qui n'ont aucune raison de l'être ? Il ne nous est pas toujours possible de saisir l'intérêt de notre travail pour les autres. Et c'est bien dommage, car notre travail nous paraîtrait plus pertinent.

Personnellement, j'applique cette règle, rapide : le test du bénéficiaire. Soyez honnête : votre rapport hebdomadaire est-il lu par la personne à qui vous l'envoyez et influe-t-il sur sa prise de décision ? Vous pouvez sonder vos bénéficiaires afin d'évaluer l'utilité de votre travail. Vous découvrirez peut-être que les gens apprécient votre travail et ont même trouvé grâce à lui un nouveau sens au leur.

Si vous êtes toujours convaincu de l'inutilité de la tâche, parlez-en à votre chef. Présentez-lui les résultats de votre test du bénéficiaire. Il verra peut-être combien votre travail est important, même si vous-même avez des doutes à titre personnel. Mais c'est aussi pour vous un moyen de découvrir un impact de votre travail qui vous est passé inaperçu, ce qui pourrait vous faire changer d'avis sur l'intérêt de s'en débarrasser. Une fois le test du bénéficiaire fait, parlez en toute franchise avec votre chef de la valeur des tâches que vous souhaitez laisser tomber et rappelez-lui poliment les sacrifices liés à leur exécution. Si tous ces arguments ne suffisent pas à convaincre votre chef, c'est peut-être qu'il est tout simplement déraisonnable. Mais, à moins que vous vouliez changer de travail, il vous faudra faire avec. Alors même que nous en avons tous rêvé à un moment, nous ne pouvons mettre le chef à la porte !

Quand vous avez terminé, disposez les autres fiches de manière à les avoir toutes sous les yeux. Que disent ces tâches sur la nature de votre emploi ? Vous avez peut-être un titre et un descriptif de poste qui dépeignent vos fonctions d'une certaine manière, alors que le travail que vous effectuez est tout autre. De façon générale, est-ce que les tâches que vous avez conservées vous mettent en joie ou contribuent à un avenir plus radieux ? Si, après avoir fait du rangement, vous avez toujours le sentiment que ce que vous faites ne vous mène pas vers votre idéal professionnel, il me reste quelques conseils (voir ci-après) à vous prodiguer pour améliorer votre situation.

Si votre pile de tâches vous satisfait, vérifiez régulièrement que vous êtes toujours dans le mouvement pour atteindre votre vie professionnelle idéale. Quand de nouvelles tâches vous sont proposées, soyez très clair avec vous-même sur l'intérêt de les faire avant de les accepter.

Accorder la priorité aux activités qui vous procurent de la joie

Aujourd'hui, mon travail me met en joie, mais à une époque, quand mon emploi du temps était surchargé, j'étais physiquement et mentalement épuisée. Nous étions alors en 2015, juste après ma nomination par le magazine *Time* parmi les cent personnes les plus influentes. J'étais bombardée d'offres provenant des quatre coins du monde.

J'en acceptais un maximum, pensant qu'il s'agissait d'excellentes occasions de partager la méthode KonMari, mais il se trouve que j'étais enceinte de mon premier enfant, et la pression nuisait à mon esprit et à mon corps. Il m'arrivait d'être incapable de contrôler mes émotions et j'éclatais alors en sanglots en fin de journée. Finalement, j'ai pris conscience que je ne pouvais continuer ainsi. C'est là que j'ai modifié ma manière de travailler.

L'objectif de mon travail est de partager la méthode KonMari dans le monde entier et d'aider un maximum de personnes à ressentir de la joie dans leur existence grâce au rangement. Mais comment apprendre aux autres à le faire si ma propre vie n'est pas source de joie ?
Depuis cette révélation, j'ai mis un point d'honneur à ce que mon existence me procure de la joie, surtout lorsque je suis très occupée. Je prévois des créneaux pour faire des choses que j'aime ou souhaite faire, comme :

- passer du temps en famille ;
- égayer mon intérieur avec des fleurs ;
- apprécier en toute tranquillité une tasse de thé ;
- me faire masser quand je suis fatiguée.

Tout cela m'a aidée à retrouver un équilibre intérieur, ce qui m'a permis de retourner au travail revigorée et pleine d'une énergie positive. Dans notre univers actuel trépidant, nombre d'entre nous privilégient leur travail au détriment de leur vie, chose que je faisais auparavant. Si c'est votre cas, j'ai un message pour vous : faites de votre bien-être physique et émotionnel votre priorité numéro un.
Un emploi du temps surchargé mène droit au burn-out. Quand nous sommes totalement épuisés, nous ne pouvons être très inspirés ou obtenir d'excellents résultats. Même si nous aimons notre métier, nous nous mettons alors à le détester et avons du mal à aller toujours de l'avant.
La première mesure consiste à se dégager du temps pour recharger les batteries et retrouver de l'énergie. Planifiez ensuite votre emploi du temps de manière à pouvoir travailler efficacement. Sur le long terme, il est plus productif d'aborder l'exercice de son métier avec joie et tranquillité d'esprit.

Marie

Ne dites pas oui aussi vite

Vous est-il arrivé de penser que votre travail serait merveilleux si on vous donnait le temps de le faire ? C'était souvent mon cas. Lorsque ma carrière a évolué et que je suis passé du statut de professeur adjoint frais émoulu de l'université à professeur titulaire d'une chaire (le poste d'enseignement le plus élevé à l'université), on m'a demandé de plus en plus de m'impliquer dans des activités qui n'étaient pas au centre de mes principales responsabilités de recherche et d'enseignement (faire partie de plein de comités et assister à des événements). En bon collègue que je voulais être, j'ai presque toujours dit oui. Cela me paraissait être la chose à faire et, individuellement, ces activités ne me prenaient pas beaucoup de temps. Mais, additionnées, elles m'empêchaient de faire avancer les projets qui m'importaient.

Certes, il existe souvent de bonnes raisons de dire oui. Certaines de ces activités procurent de la joie, que ce soit pour le sentiment d'être utiles ou pour elles-mêmes. D'autres sont l'occasion d'apprendre, de faire progresser votre carrière ou de passer des moments agréables avec des collègues. Mais d'autres encore, peut-être trop, ne satisfont tout simplement aucun de vos désirs.

Dernièrement, je suis tombé sur des recherches qui m'ont aidé à résister à la tentation de dire systématiquement oui. Nous nous sentons obligés d'accepter un trop grand nombre de ce genre de tâches parce que la culpabilité nous ronge si nous refusons. Débarrassons-nous de cette culpabilité. Vous travaillez déjà incroyablement

dur (il n'y a qu'à regarder la hauteur que faisait votre pile de tâches !). Essayez une astuce très simple : faites une pause.

Compte tenu de la pression sociale qui pousse à dire oui (après tout, nous souhaitons tous être de bons équipiers), reporter la prise de décision quant à ces demandes supplémentaires est une technique efficace. Dites simplement : « J'y réfléchis et je reviens vers vous. » Ensuite, prenez le temps pour déterminer si cette tâche vous mettra en joie. Si ce n'est pas le cas, refusez poliment. La recherche montre que quand nous retardons la prise d'un engagement, nous nous sentons plus à même de dire non à des tâches qui ne nous plaisent pas et oui à celles que nous apprécions[1].

Ajouter de la joie au quotidien

Maintenant que vous avez cessé certaines activités, vous êtes à même d'exécuter de nouvelles tâches qui vous mettront en joie. Des études ont démontré que si vous prenez de nouvelles responsabilités, proposez votre aide à un collègue ou travaillez sur un projet accessoire sans en avoir demandé l'autorisation, vous rendez votre travail plus satisfaisant[2]. Certains chefs apprécient l'initiative. Des entreprises permettent

1. O'BRIEN, Katharine Ridgway. *Just Saying No: An Examination of Gender Differences in the Ability to Decline Requests in the Workplace*. Thèse de doctorat, université Rice, 2014. hdl.handle.net/1911/77421 (document consulté le 10/04/20).

2. WRZESNIEWSKI, A. & DUTTON, J. E. (2001). Crafting a job: Revisioning employees as active crafters of their work. *Academy of Management Review* 26 (2), p. 179-201.

même officiellement à un employé de consacrer une partie de sa semaine de travail à la tâche de son choix qu'il trouve agréable. Bien entendu, si votre chef vous a à l'œil et que vous avez très peu de liberté dans votre travail, cela sera plus difficile. Mais vous aurez plus de chances de succès si vous faites en sorte que votre joie quotidienne profite à l'entreprise.

Accordez-vous aussi un moment de joie quotidien en dehors du travail. Personnellement, j'aime lire les journaux papier. Je sais qu'au moment où j'entame ma lecture, les informations ne sont déjà plus très fraîches. Mais combler mon retard sur l'actualité sans subir de distractions numériques me procure beaucoup de joie.

Faire de la place dans son emploi du temps

Ça défie peut-être toute logique, mais pour être plus productif au travail, il faut parfois dégager un créneau vierge de toute activité. Oui, vous m'avez bien entendu : la recherche montre que, pour en faire plus, vous devez parfois travailler moins[1]. Outre le bienfait mental, cette pause vous aide à être plus créatif en vous donnant le temps de faire mûrir des idées[2].

Quand nous menons des activités apparemment insouciantes, comme marcher ou griffonner distraitement,

1. Jett, Q. R. & George, J. M. (2003). Work interrupted: A closer look at the role of interruptions in organizational life. *Academy of Management Review* 26 (2), p. 494-507.

2. Csikszetmihalyi, M. & Sawyer, K. (1995). Creative insight: The social dimension of a solitary moment. In Sternberg, R. J. & Davidson, J. E. (dir.). *The Nature of Insight*, MIT Press, Cambridge, MA, p. 329-363.

en réalité, nous réfléchissons profondément, mais au niveau du subconscient. Les réflexions de ce type ont tendance à être des plus créatives, car nous ne nous jugeons pas en permanence. Elles peuvent déboucher sur de nouvelles solutions pour résoudre des problèmes et favorisent l'innovation[1]. Vous continuez de travailler, et souvent plus intelligemment, quand votre emploi du temps n'est pas surchargé. Alors, faites une pause, soyez mieux dans votre peau et libérez votre imagination !

Lors de mon temps de pause quotidien, je marche, généralement après avoir mis mon téléphone en mode avion. Rester à bonne distance des e-mails, des appels téléphoniques ou de toute autre distraction permet à l'esprit de vagabonder. C'est également dans ces conditions que je suis le moins enclin à me juger et que j'explore de nouvelles idées vers lesquelles je ne me serais pas aventuré.

Je sais que tout le monde n'a pas la possibilité de marcher au travail ou même en dehors. Trouvez une activité d'une autre nature. La plupart des gens sont en mesure de fermer les yeux en restant à leur bureau et de laisser leur esprit flâner pendant quelques minutes. Pouvoir se libérer l'esprit est une chance, mais également un moyen de montrer que, même si vous avez le sentiment que votre emploi du temps (et votre travail) vous étouffe ou sombre parfois dans le chaos, vous pouvez prendre du recul, au moins pendant quelques instants. Faire le tri dans vos activités vous aidera à

---

1. Elsbach, K. D. & Hargadon, A. B. (2006). Enhancing creativity through "mindless" work: A framework of workday design. *Organization Science* 17 (4), p. 470-483.

mieux vous connaître et à trouver vos véritables priorités. Cette démarche est bien plus qu'une réflexion sur la nature de vos journées. C'est un moyen de les rendre plus agréables. En vous débarrassant des tâches qui ne sont pas sources de joie et en en ajoutant d'autres qui le sont réellement, votre travail deviendra bien plus gratifiant.

Chapitre 6

Faire le tri dans les décisions

En tant que mère célibataire, Lisa devait jongler entre un poste à temps plein de professeure de dessin en lycée et ses activités d'artiste indépendante et de formatrice en ligne. Si elle adorait ses trois professions, le nombre de décisions qu'elle devait prendre régulièrement l'avait épuisée. En dehors des principales décisions liées à ses cours (thèmes à traiter, projets à attribuer et règles au sein de ses classes), des centaines, voire des milliers, de décisions quotidiennes demandaient son attention. Le déroulé d'une journée de cours était illimité en possibilités : est-ce que la classe fera des travaux pratiques, regardera une vidéo pour apprendre de nouvelles techniques ou améliorera ses compétences graphiques avec l'informatique ? Pendant les cours, elle devait en permanence prendre des décisions : encadrer et évaluer les élèves, et même faire régner la discipline. Et son travail en parallèle impliquait à son tour des tonnes de décisions : quoi créer, de quelle façon, comment répondre au mieux aux souhaits de ses clients et gérer les réseaux sociaux.

« Ce sont juste des décisions qui concernent ce que je vais faire ensuite », constata-t-elle.

Lisa se trouvait bougonne et épuisée, et pas seulement au travail, mais également à la maison, où elle s'occupait de son fils de 9 ans : « Décider m'épuise tellement mentalement que je ne me souviens de rien… J'ai du mal à avoir des pensées cohérentes et il m'arrive même d'oublier des mots. »

Elle a su que la situation avait empiré quand, un lundi matin, elle est arrivée pour faire cours sans disposer du moindre plan, ayant reporté le choix du thème jusqu'à ce qu'il soit trop tard. « Tu n'es vraiment pas à la hauteur sur ce coup-là, Lisa ! Tu n'es pas une bonne prof ! » s'est-elle réprimandée. Elle négligeait également ses nouveaux cours en ligne, son cerveau écrasé par les nombreuses décisions à prendre pour ses différentes fonctions.

Peu importe la nature du travail, que vous soyez dirigeant d'entreprise ou débutant, vous prenez des milliers de décisions par jour[1]. Certains chercheurs estiment que le nombre est supérieur à *trente-cinq mille* !

Nombre de décisions accessoires, dont l'enjeu est faible, se prennent sans fournir d'efforts, ni même en avoir conscience (le chemin à prendre pour rejoindre notre bureau, le stylo à utiliser, la réponse rapide à un e-mail). Nous serions complètement submergés s'il nous fallait y réfléchir délibérément. Voilà pourquoi, malgré les milliers de décisions que nous prenons chaque jour, une étude récente révèle que les gens ne

---

1. go.roberts.edu/leadingedge/the-great-choices-of-strategic-leaders (document consulté le 13 mai 2020).

se souviennent en moyenne que de soixante-dix d'entre elles[1].

D'autres décisions sont d'un enjeu élevé et demandent de la concentration. Nous n'y sommes pas confrontés souvent, mais, en toute logique, elles consomment une énergie mentale et émotionnelle considérable. Elles impliquent généralement l'utilisation d'une quantité de ressources relativement importante. Si vous évoluez dans le marketing, ce peut être décider la gamme de produits et services que vous allez proposer, quand et comment changer l'image d'un élément et comment positionner vos produits sur le marché. Pour les entrepreneurs, quand étoffer leurs effectifs, s'il faut ou non augmenter leur capital ou vendre, et pour les professionnels de l'informatique, acheter un gros équipement.

Viennent ensuite les décisions aux enjeux de moyenne importance qui nécessitent plus de réflexion que les décisions à enjeu faible et sont plus nombreuses que les décisions à enjeu élevé. Ce sont les décisions oubliées ou négligées de notre vie professionnelle. N'étant pas aussi faciles à prendre que les décisions mineures, nous avons tendance à les remettre à plus tard. Et n'étant pas aussi importantes que les décisions cruciales, elles s'oublient bien plus facilement. Voilà pourquoi Lisa s'est retrouvée devant ses élèves sans avoir préparé son cours. C'était une décision d'importance moyenne qui lui pesait trop la veille et qu'il était facile d'oublier jusqu'à ce qu'elle entre dans la salle de cours.

Généralement, les décisions d'importance moyenne concernent l'exécution ou l'amélioration de vos tâches

1. www.ted.com/talks/sheena_iyengar_choosing_what_to_choose/transcript (document consulté le 13 mai 2020).

actuelles, par exemple la personne à informer de l'avancement d'un projet, la manière d'améliorer un processus ou le bilan sur le succès d'une mission. Si vous travaillez dans le marketing, voici des exemples de décisions d'importance moyenne : le type d'informations à récolter sur un marché, le bon moment pour modifier le prix d'un produit, les nouvelles formes de publicité à envisager et comment mesurer leur efficacité. Si vous êtes entrepreneur, il s'agira, par exemple, de la méthode pour améliorer un produit ou un service et du choix des conférences auxquelles assister. Et si vous évoluez dans le secteur de l'informatique, ce sera par exemple la mise à jour d'un logiciel.

Je sais qu'en apparence, faire le ménage dans vos décisions semble très différent de ranger votre espace de travail physique. Garder une agrafeuse que vous aimez semble à des années-lumière de décisions concernant la manière d'interagir avec un client ou le moment où collaborer avec un collègue. Mais il s'agit en réalité du même processus. Commencez par vous demander : « Qu'est-ce qui vaut la peine d'être gardé ? » Ou, plus précisément pour cette catégorie : « Quelles décisions méritent que j'y consacre mon temps et mon énergie ? »

Au regard des nombreuses décisions que vous prenez au travail, je vous conseille de suivre les étapes suivantes, très simples : oubliez les décisions accessoires, triez et organisez les décisions d'importance moyenne et réservez votre énergie mentale aux décisions cruciales.

La plupart des décisions accessoires ne méritent ni votre temps ni votre énergie

Gardez à l'esprit que l'on considère une tâche comme accessoire en fonction de votre emploi et du niveau que vous occupez au sein de l'entreprise. Si vous démarrez tout juste votre carrière, ce qui est une décision accessoire pour un dirigeant peut avoir bien plus d'importance pour vous. Il y a de fortes chances que vous ne puissiez vous souvenir de nombreuses décisions accessoires, car elles se prennent automatiquement et ne sollicitent pas votre intelligence. Parfait ! Laissez-les se prendre en pilote automatique.

Parmi celles dont vous avez conscience, quelques-unes méritent probablement plus de votre temps. Est-ce que vous :

- choisissez une marque de papier pour photocopieurs ?
- décidez s'il faut utiliser un graphique linéaire ou un graphique à barres dans une présentation ?
- choisissez la police de caractères de votre rapport ?

Si vous jugez qu'une décision n'est pas primordiale, n'y consacrez pas beaucoup de temps. Je sais que c'est difficile à faire sur le moment, et je me suis moi-même senti fautif de trop réfléchir sur des sujets aussi simples que dans quel hôtel descendre pour ce déplacement professionnel ? Quelle police utiliser pour les cours distribués à mes élèves ? Quel plat d'accompagnement servir aux personnes assistant à l'une de mes conférences ?

Il est également possible d'automatiser nombre de décisions accessoires. Voici certaines de mes solutions préférées :

- utiliser la vente en ligne pour commander automatiquement des fournitures dont j'ai régulièrement besoin ;
- établir des règles, comme ne jamais programmer de réunions le vendredi matin ;
- créer une signature d'e-mail comprenant la mention « Bien cordialement » ou « Merci », suivie de mon nom.

Vous pouvez personnaliser les décisions automatiques en fonction de vos besoins et intérêts. L'ancien PDG d'Apple, Steve Jobs, a même automatisé sa garde-robe (il portait tous les jours le même type de col roulé). L'auteur et gourou de la productivité Tim Ferriss prend tous les matins le même petit déjeuner[1]. En ne vous échinant pas à prendre des décisions accessoires, vous disposerez du temps et de l'énergie nécessaires pour vous concentrer sur les décisions plus importantes.

Créer une pile de décisions d'importance moyenne à élevée

Rassemblez toutes les décisions à enjeu moyen et élevé (d'importance moyenne et élevée) que vous

---

1. www.entrepreneur.com/article/244395 (document consulté le 30 avril 2020).

devez prendre maintenant ou que vous devrez bientôt prendre. Généralement, les décisions à enjeu élevé vous viennent tout de suite à l'esprit et ne sont pas nombreuses. Steve Jobs a décidé de remplacer tout son conseil d'administration, puis a décidé de lancer un téléphone sans clavier physique, à savoir l'iPhone. Pour un cadre intermédiaire, la pile des enjeux élevés peut comprendre la mise en œuvre d'un changement à l'échelle de l'entreprise et le recrutement de personnes dans son équipe. Quant à ceux qui entrent dans la vie active, se choisir un mentor de confiance est sûrement une décision dont les enjeux sont très élevés.

Les décisions d'importance moyenne se situent entre ces deux catégories. Pour la plupart d'entre nous, il est possible de les identifier en passant en revue les décisions qui améliorent notre travail de façon notable, par exemple, le perfectionnement d'un processus, la mise à jour de produits ou de services, la quête de conseils pour résoudre des problèmes ou la communication de l'avancée de vos travaux.

Résumez en quelques mots chaque décision d'importance moyenne et cruciale sur une fiche (comme pour la gestion de votre temps, vous pouvez recourir à une feuille de calcul). La plupart des employés se retrouvent avec une quantité gérable de décisions (une vingtaine au maximum).

Faire du tri dans sa pile de décisions

Après avoir empilé toutes vos décisions, mettez un « E » en marge de chaque décision cruciale. Ce sont les décisions qui auront un impact élevé sur votre travail ou votre vie. Elles méritent donc que vous y consacriez votre temps et votre énergie. Mettez-les toutes de côté.

Il vous reste désormais les décisions d'importance moyenne. Le moment est venu de savoir quelles sont celles qui valent vraiment la peine d'être gardées. Prenez chaque fiche et suivez une règle très simple : **si prendre cette décision est déterminant pour le travail que vous effectuez, si elle vous aide à faire progresser votre vision professionnelle ou si elle vous met en joie, conservez-la**.

Quoi faire maintenant des décisions que vous avez choisi de garder ? Quand vous avez une fiche en main, demandez-vous :

- Y a-t-il quelqu'un plus concerné que moi par cette décision et qui devrait la prendre ?
- Qui dispose des meilleures informations et a le meilleur jugement pour la prendre ?
- Est-ce que je peux confier cette prise de décision à quelqu'un d'autre ?
- Cette décision est-elle prise fréquemment ? Peut-elle être automatisée et uniquement contrôlée de temps en temps ?

Si vous pensez que cette décision devrait être prise par quelqu'un d'autre, déléguez-la dans la mesure du possible (mettez un « D » sur la fiche et notez le nom de la personne à qui vous allez la confier). Il est parfois difficile, mais pas impossible, de déléguer à quelqu'un se situant au même niveau que le vôtre ou plus haut dans la hiérarchie. Demander poliment et donner des raisons valables pour expliquer pourquoi cette personne est mieux placée pour prendre cette décision aide beaucoup. Et proposer en contrepartie de prendre la responsabilité d'une de ses décisions consolide votre demande. Soyez simplement sûr de vous sur la nécessité de prendre cette décision.

Si elle ne nécessite pas votre implication régulière ou celle de quelqu'un d'autre, automatisez-la (mettez un « A » sur la fiche, avec un délai de mise en œuvre de cette automatisation).

Quand vous devrez faire face à de nouvelles décisions, vous aurez l'expérience et la confiance nécessaires pour les étudier. Continuez de privilégier les décisions cruciales et les plus précieuses parmi celles d'importance moyenne. Soyez pointilleux quant à vos choix sur ce à quoi consacrer votre temps et votre énergie. Vous vous apercevrez peut-être qu'une décision auparavant considérée comme importante ne l'est plus ou devrait être prise par quelqu'un d'autre. Un bon décideur sait aussi quand il n'est pas concerné par une décision !

Après avoir fait le tour des difficultés rencontrées par Lisa, nous avons trouvé des moyens de l'aider à faire le ménage dans ses décisions. Comme pour une pile de vêtements, regrouper toutes ses décisions d'importance moyenne et cruciale lui a permis de cerner l'ampleur de son problème. Elle se sentait submergée en permanence, car elle avait trop de décisions à prendre.

La semaine suivante, elle a regardé sa pile de décisions et s'est aperçue qu'elle en prenait sans cesse, particulièrement pour gérer le comportement de ses élèves du secondaire et pour apporter des réponses aux questions posées sur Instagram.

Lisa a réussi à éliminer 9 % des décisions de sa pile et à en automatiser ou déléguer 40 %. Par exemple, elle démarre désormais systématiquement ses journées par la même activité. Ses élèves travaillent sur le projet de la veille, ce qui lui permet d'être présente avec chacun sans être interrompue. Elle a également demandé à ses élèves de prendre une part plus active dans l'évaluation de leur propre travail, ce qui a diminué le nombre de décisions qu'elle doit prendre.

Lisa a également choisi de poster chaque matin des messages sur son compte Instagram et de répondre deux fois par jour aux commentaires.

Lisa voyait bien mieux dans son fouillis décisionnel, mais restaient les décisions très exigeantes en créativité (le type d'œuvres à créer, les grands choix commerciaux à faire et les cours à concevoir pour son activité en ligne). Ce genre de décisions la mettaient en joie.

Mon intervention auprès de Lisa eut des conséquences évidentes sur son rangement : « Je porte un nouveau regard sur ce qu'il est possible de faire… Tout est vraiment clair désormais, je n'en reviens pas. » Elle a trouvé le temps, la motivation et l'aptitude nécessaires pour prendre une décision cruciale : elle a choisi de quitter son poste d'enseignante afin de se concentrer sur son activité d'artiste indépendante. Très vite, ses revenus ont pratiquement triplé. Mais le plus grand changement, c'est qu'elle aime désormais son travail et sa vie. « Ce processus est le début de quelque chose de vraiment énorme pour moi, m'a-t-elle écrit. Je ressens encore une joie immense… Ma créativité a vraiment explosé !!! Je ne pense pas que cela aurait été le cas si je n'avais pas fait le ménage dans mes décisions… Je suis bien plus productive et heureuse. »

Et cela est allé au-delà de sa sphère professionnelle. La relation entre Lisa et son fils s'est améliorée de manière spectaculaire, elle a perdu sept kilos dans le mois qui a suivi ce grand ménage décisionnel et elle a retrouvé son optimisme.

Les choix dans le rangement : trop d'options n'est pas un avantage

Penchons-nous maintenant sur la manière dont nous prenons des décisions. On peut raisonnablement penser que plus nous avons le choix, mieux c'est. Si vous devez choisir un fournisseur, plus l'éventail d'entreprises est large, mieux c'est. Si vous devez investir dans une retraite complémentaire, plus vous avez de propositions, mieux c'est. Et pour trouver le meilleur emploi possible, vous souhaiterez voir un maximum d'offres.

Certes, avoir le choix est une bonne chose, mais seulement jusqu'à un certain point. Dans certains cas, quand il y a pléthore d'options, nous finissons par être noyés sous les possibilités, et, en dernier lieu, nous sommes mécontents parce que la décision prise n'est pas la bonne, quelle qu'elle soit[1]. Et qu'en est-il des options que nous laissons passer ? L'emploi que nous n'avons pas accepté, le projet que nous avons géré d'une manière et non d'une autre, un marché que nous aurions pu conquérir ou le mentor que nous n'avons

1. IYENGAR, S. S. & LEPPER, M. R. (2000). When choice is demotivating: Can one desire too much of a good thing? *Journal of Personality and Social Psychology* 79 (6), p. 995-1006.

pas choisi ? Notre esprit se montre incroyablement persuasif quand il s'agit de nous convaincre que nous aurions pu mieux choisir.

Pour la plupart des décisions, évaluer plus de cinq options représente beaucoup de travail. Quand une personne vous demande de prendre une décision, demandez-lui de ne pas vous proposer plus de cinq options. Si vous agissez seul, demandez conseil à des collègues afin de réduire vos options aux pistes les plus intéressantes, puis prenez votre décision. Vos regrets de ne pas avoir envisagé une solution seront moindres.

La recherche indique d'autres solutions simples pour faire le tri parmi les choix à votre disposition[1]. Premièrement, si les choix sont très similaires, cela veut dire qu'il existe probablement plusieurs bonnes options. Il vous suffit donc d'en prendre une. Deuxièmement, classez-les en faisant preuve de bon sens, par exemple de la plus onéreuse à la moins onéreuse ou de la plus risquée (ou gratifiante) à la moins risquée (ou gratifiante).

Troisièmement, passer au crible toutes les possibilités est d'autant plus fastidieux que vous essayez en même temps de déterminer ce que vous voulez. Imaginez-vous en quête d'un nouvel emploi. Si vous savez que vous voulez un poste qui vous permette de progresser, d'être assez autonome et qui se situe près de chez vous, il est intéressant de disposer d'un grand nombre d'offres. Vous serez plus en mesure de faire coïncider vos critères (progression, autonomie et situation géographique) avec les postes disponibles. Mais

1. Scheibehenne, B., Greifeneder, R. & Todd, P. M. (2010). Can there ever be too many options? A meta-analytic review of choice overload. *Journal of Consumer Research* 37 (3), p. 409-425.

si vous n'êtes pas sûr de ce que vous recherchez, trop de choix peut vous submerger[1].

Renoncer à la perfection pour la plupart des décisions

J'aimerais que vous cessiez de chercher systématiquement à prendre la décision idéale. Vous la trouverez parfois, mais pas la plupart du temps. C'est peut-être dur à avaler, mais voici pourquoi je vous demande cela : dans la plupart des cas, une bonne décision suffit. La recherche de la perfection est souvent inutile et a un coût. Vous perdez un temps précieux qui pourrait vous servir pour d'autres activités et ne pas atteindre cette perfection est source de frustration et déception.

Avant de prendre une décision, demandez-vous quel type de résultat vous procurera de la joie. Inutile de rechercher une décision parfaite quand une décision suffisamment bonne vous rendra tout aussi heureux. En outre, vu la vitesse à laquelle change notre monde, n'importe quelle décision peut s'avérer temporaire. Si vous redoublez d'efforts pour trouver la solution parfaite, vous serez probablement obnubilé par elle, même si elle a perdu de son intérêt[2]. Voilà pourquoi une bonne solution est la meilleure solution.

---

1. Chernev, A. (2003). Product Assortment and individual decision processes. *Journal of Personality and Social Psychology* 85 (1), p. 151-162.
2. Staw, B. M. (1981). The escalation of commitment to a course of action. *Academy of Management Review* 6 (4), p. 577-587.

Pour éviter de tendre vers le perfectionnisme, fixez une date limite à la prise de décision. Le bénéfice d'une réflexion qui s'éternise et des discussions interminables ne vaut pas tous les efforts fournis et le temps consacré. Faites preuve de souplesse en ajustant votre décision quand de nouvelles informations vous sont communiquées. Et n'oubliez pas que, pour la plupart des décisions, les conséquences ne sont pas aussi importantes que vous pourriez le penser.

Lorsque vous faites le ménage dans vos décisions, vous vous concentrez sur ce qui produit un effet majeur. Vous passez ensuite au crible ce qui vaut la peine d'y consacrer du temps et de l'énergie et les décisions à éliminer, à déléguer ou à automatiser. Vos décisions sont libérées de cette montagne d'options qui les écrasent et vous êtes alors en phase avec ce que vous essayez d'accomplir. Les décisions difficiles vous paraissent soudain plus faciles à prendre. Votre engagement et votre satisfaction face aux décisions essentielles à prendre sont alors plus grands.

CHAPITRE 7

Faire le ménage dans son réseau

Instagram est un réseau social important pour les artistes et Lianne, peintre et illustratrice britannique, affichait le nombre impressionnant de quinze mille followers. Aussi enthousiasmant que cela puisse paraître, rester connectée avec tant de followers n'était pas une mince affaire. Avec énormément de messages sans importance, il était difficile de répondre à ceux qui étaient essentiels : les messages envoyés par des acheteurs intéressés. Elle devait également faire avec son lot de trolls. Les gens faisaient des commentaires grossiers, stupides ou insultants. À mesure que ces messages violents ont augmenté, elle s'est vue de plus en plus épuisée par la dimension chronophage et la charge émotionnelle de son réseau.

Lianne passait tellement de temps sur les réseaux sociaux qu'elle négligeait son travail et sa vie. « Je suis une mère et une artiste, m'a-t-elle dit fièrement. Je n'ai pas de temps à perdre à tweeter dix fois par jour. » Mais la vérité, c'est que Lianne passait plus de temps sur Instagram qu'à exercer son art.

Elle a pris une mesure courageuse.

Elle a supprimé son compte Instagram, laissant tomber tous ses followers. « Dans la société actuelle, les gens veulent de plus en plus de followers, mais ce n'est pas mon objectif », estima-t-elle. Disposer d'un grand réseau ne l'aidait pas à vendre ses œuvres. « Quand vous essayez de vendre de l'art, je pense qu'il vaut mieux avoir cinquante followers passionnés qui achètent vos œuvres plutôt que quinze mille vaguement intéressés qui vous envoient des messages grossiers. » Le fait de redémarrer avec zéro follower lui a permis d'être plus sélective et de n'être en relation qu'avec les personnes appréciant vraiment son travail.

Il est facile de considérer le réseautage, physique ou en ligne, comme un moyen pour faire un maximum de liens : contacts téléphoniques, amis Facebook, followers sur Instagram, relations sur LinkedIn ou followers sur Twitter. Avec les compteurs intégrés, nous nous sentons d'autant mieux que les chiffres augmentent. Nous pouvons comparer les nôtres avec ceux de nos collègues et amis en croyant à tort que plus le nombre de connexions est important, plus nous sommes importants. Ou populaires. Ou qu'on a réussi. Laissez-moi vous dire une chose ; le fait d'avoir un réseau étendu ne signifie qu'une seule chose : vous avez un réseau étendu !

Faites en sorte que votre réseau soit source de joie. Formez un groupe de personnes avec qui vous aimez passer du temps, que vous avez envie d'aider, qui se soucient de votre épanouissement et de votre succès, à qui vous pouvez très bien révéler vos échecs et demander conseil.

Quelle taille de réseau vous faut-il ?

Avec un grand réseau, il y a de fortes chances que l'une de vos relations puisse vous venir en aide, par exemple en ayant connaissance d'un poste disponible pour lequel aucune annonce n'a été passée ou en pouvant répondre à une question difficile. C'est cette logique qui pousse les gens à passer tant de temps à étoffer leur réseau. Les personnes dont vous êtes déjà proche (aussi bien au travail que dans votre vie sociale) partagent déjà ce qu'elles savent avec vous. Mais la plupart des relations d'un grand réseau sont des personnes avec qui vous interagissez rarement. Vous pouvez donc en apprendre plus par elles. Mais il existe une grande différence entre avoir un réseau plein de contacts précieux et un réseau plein de contacts précieux *vraiment désireux d'apporter leur aide*.

Karen, ancienne cadre dans le secteur de la technologie qui s'est lancée dans une start-up, a d'abord essayé le réseautage traditionnel, rencontrant un maximum de personnes. « J'ai probablement passé la majeure partie de l'année à assister à des conférences et à rencontrer plein de gens, m'a-t-elle dit. Avec le recul, il ne s'agissait pas des expériences et des relations les plus sincères, mais plutôt d'une loterie. » C'était épuisant et cela s'est en fin de compte avéré une perte de temps.

Après avoir réfléchi aux événements de réseautage qui l'avaient presque toujours déçue, elle s'est promis de procéder autrement. Karen a cessé de ratisser aussi large et choisi de nouer des liens plus profonds avec un nombre plus restreint de personnes. Cette approche a vite été mise à l'épreuve alors qu'elle était en train d'évaluer un investissement potentiel dans une entreprise, car elle a eu rapidement besoin d'effectuer des recherches techniques. Bien que de taille modeste, son réseau comprenait une femme qu'elle estimait en mesure de lui venir en aide. Elle l'a contactée, puis a reçu une réponse détaillée en l'espace de quelques heures. « Il m'aurait fallu des semaines pour achever les recherches », a expliqué Karen. Ayant déjà noué une relation solide avec ce contact, elle a obtenu presque immédiatement l'aide dont elle avait besoin. Quelques jours plus tard, elle a envoyé à cette femme un mot de remerciement manuscrit.

Son approche minimaliste présente d'autres avantages : « Je suis bien moins stressée quand je participe à des événements de réseautage… Et ça a libéré plein d'espace cognitif », reconnaît-elle.

Les grands réseaux rendent également plus difficile la mise en place de relations sérieuses[1]. Des études ont conclu que nous sommes capables de gérer sérieusement environ cent cinquante relations[2]. Au-delà, il est difficile de bien connaître les personnes de notre réseau. Voici un exercice tout simple. Lorsque vous pensez à tous vos contacts et amis, parvenez-vous à visualiser tous les visages ? Est-ce qu'ils vous procurent tous de la joie ? Probablement pas.

Même pour ceux disposant d'un réseau étoffé, la plupart des interactions se limitent à un petit groupe[3].

---

1. Roberts, G. B., Dunbar, R. M., Pollet, T. V. & Kuppens, T. (2009). Exploring variation in active network size: Constraints and ego characteristics. *Social Networks* 31 (2), p. 138-146.

2. Hill, R. A. & Dunbar, R. I. (2003). Social network size in humans. *Human Nature* 14, p. 53-72.

3. arxiv.org/abs/0812.1045 (document consulté le 13 mai 2020).

Nombre des « amis » de notre réseau ne sont pas très intéressés par une relation sincère avec nous et ne nous appellent que lorsqu'ils ont besoin d'un service. Christina, qui a découvert comment gérer son temps (voir chapitre 5), l'a appris à ses dépens. En tant qu'ancienne étudiante en MBA de Harvard, elle pensait pouvoir tirer parti de ce prestigieux réseau d'envergure. Au fil du temps, elle s'est rendu compte que son réseau générait peu de relations enrichissantes, mais de nombreuses demandes. « J'en suis arrivée à un stade où, en deux semaines, dix personnes ont fait appel à mes lumières par e-mail, m'a-t-elle expliqué. Et ce n'étaient pas des amis ou des personnes qui s'étaient investis dans une relation personnelle avec moi. » À trop vouloir répondre à toutes ces sollicitations, elle a fini par se sentir épuisée. Sa carrière et sa vie en ont aussi pâti.

Étoffer votre réseau prend non seulement du temps, mais peut également nuire à votre bien-être psychologique si vous le faites en ligne. La recherche a montré que plus nous passons de temps sur les réseaux sociaux, moins nous sommes heureux[1]. Ce qui s'explique par le fait que les gens ne communiquent généralement que des bonnes nouvelles sur les réseaux sociaux, alors que très peu s'en servent pour partager de mauvaises nouvelles. Combien avez-vous reçu de notifications LinkedIn disant : « Je viens d'être viré ! » ou « J'ai merdé dans les grandes largeurs aujourd'hui

1. KROSS, E., VERDUYN, P., DEMIRALP, E., *et al.* (14 août 2013). Facebook use predicts declines in subjective well-being in young adults. *PLoS One* 8 (8): e69841 ; LEE, S. Y. (mars 2014). How do people compare themselves with others on social network sites?: The case of Facebook. *Computers in Human Behavior* 32, p. 253-260.

au boulot » ? Arrêtez de vous comparer à l'image que les gens donnent d'eux-mêmes sur les réseaux sociaux et interrogez-vous plutôt sur les progrès que vous réalisez pour concrétiser votre idéal professionnel. C'est la seule comparaison qui importe.

La méthode de Marie pour mettre de l'ordre dans son réseau

L'un des éléments les plus importants pour vous bâtir un réseau plein de joie est de savoir quel type de relation vous appréciez. Par exemple, certaines personnes adorent être entourées d'amis pour s'amuser. D'autres préfèrent des relations plus profondes avec un nombre restreint de personnes. J'appartiens à cette dernière catégorie. Je ne suis pas très douée pour garder le contact et je suis plus à l'aise avec peu de relations.

Mais quand j'ai quitté mon entreprise pour m'installer comme consultante indépendante, je me suis efforcée de me lier à un maximum de personnes, car je souhaitais faire découvrir mon activité. J'ai participé à des séminaires et des rassemblements destinés à des personnes de différents domaines, où j'ai échangé énormément de cartes de visite. Mais, petit à petit, j'ai remarqué que quelque chose clochait.

Plus je liais connaissance, plus je recevais d'invitations pour des événements et des fêtes, plus mon emploi du temps se chargeait. Je n'avais plus le temps de faire ce qui me tenait à cœur. J'étais tellement bombardée d'emails, que j'avais du mal à répondre à tous. Quand je passais en revue mes contacts dans mon agenda, je mettais un nom sur de moins en moins de visages.

Être inondée d'informations ne me plaisait pas et je me suis demandé s'il n'était pas malhonnête de rester connectée avec des personnes dont je ne me souvenais même pas. Plus le nombre de relations augmentait, plus je me sentais mal à l'aise. J'ai donc décidé de rebâtir mon réseau de zéro.

Et j'ai utilisé la méthode KonMari : j'ai pris chaque nom un à un et n'ai gardé que ceux qui généraient de la joie. Le nombre de contacts dans mon carnet d'adresses et mes applications a diminué considérablement et, à la fin, je me suis retrouvée avec dix personnes seulement, en dehors de ma famille et des personnes essentielles pour mon travail. Franchement, j'ai été stupéfaite du nombre de noms éliminés, mais je me suis ensuite sentie beaucoup plus légère et bien mieux à même de prendre soin des relations que j'avais choisi de garder.

Comme j'avais désormais plus de temps et d'espace mental, j'ai pu contacter plus souvent mes proches et remercier sincèrement mes amis, même pour de petites choses. Ma gratitude pour les êtres précieux avec qui j'ai décidé de rester en contact a grandi.

Depuis que j'ai rebâti mon réseau, j'ai pris l'habitude de faire de temps en temps un point sur mes relations et de leur témoigner ma reconnaissance. J'inscris les noms de toutes les personnes avec qui j'ai actuellement des liens et je note ma gratitude. Je les apprécie ainsi encore plus et cela m'aide à cultiver des relations plus chaleureuses. Cette façon de faire est idéale pour moi parce que lorsque je suis très absorbée par mon travail, j'ai tendance à être moins attentive aux gens qui m'entourent.

Tout comme vous le feriez pour vous offrir un mode de vie joyeux, choisissez ce qui vous met en joie et prenez soin de ce que vous décidez de garder – ces deux mesures sont indispensables pour bâtir un réseau joyeux. Quand vous sentez que quelque chose ne va pas dans votre réseau, voyez-y un signe. Votre vie sera plus épanouissante et vous pouvez faire en sorte que celle de votre entourage le soit aussi si vous vous sentez bien, soyez-en persuadé. Dites ensuite adieu avec gratitude à toutes les relations dont vous n'avez plus besoin et cultivez celles que vous avez décidé de garder.

Marie

Évaluer ses contacts pour identifier les relations sources de joie

Vous avez probablement des relations sur plusieurs réseaux comme LinkedIn, Facebook, les listes de contacts de votre smartphone ou de votre messagerie électronique. Et Marie vous a déjà aidé à ranger vos cartes de visite. Fusionner vos différentes listes de contacts pour faire une seule pile vous prendra probablement beaucoup de temps. Pour les relations, vous pouvez donc procéder au rangement plateforme par plateforme. Pour chacune d'elles, le tri s'effectue de la même façon. Commencez par imaginer votre vie professionnelle idéale. Qui sont ces personnes et quels profils souhaitez-vous être ?

Pensez à chacune d'elles et demandez-vous : « De quels liens ai-je besoin pour mon travail ? » Établir des liens avec des collègues ou partenaires professionnels fait parfois partie de votre travail.

Demandez-vous ensuite : « Quels liens peuvent m'aider à faire progresser mon projet professionnel ? » Ces relations contribuent à favoriser un avenir empreint de joie, comme un nouvel (et meilleur) emploi, ou sont l'occasion d'obtenir des informations précieuses et des conseils utiles portant, par exemple, sur des clients potentiels.

Demandez-vous enfin : « Quelles relations me mettent en joie ? » Par exemple : « Est-ce que je souris quand je pense à cette personne ? » ; « Est-ce que la perspective de la voir bientôt me rend heureux ? » Il y a des personnes qui vous mettent en joie parce que vos relations sont sincères. Avec d'autres, vous êtes heureux de passer du temps. D'autres encore sont celles que vous aimez aider ou conseiller.

Si une personne n'entre dans aucun des trois groupes cités ci-dessus, supprimez-la de vos contacts, arrêtez de la suivre ou désactivez ses messages sur les réseaux sociaux. Nombre de plateformes vous permettent de laisser tomber des relations ou tout du moins de cesser de recevoir leurs notifications sans qu'elles le sachent.

À l'avenir, n'hésitez pas à être sélectif dans vos relations. Avant, j'acceptais systématiquement toutes les demandes d'amis sur Facebook ou d'intégration à mon réseau sur LinkedIn à cause du petit moment de délire que j'avais en ajoutant un contact, mais ça restait éphémère. Mais je me suis aperçu que je ne bâtissais pas vraiment un réseau, mais que j'accumulais plutôt un tas de vagues fréquentations. Et ne vous sentez pas obligé d'accepter toutes les demandes de rencontre physique ou d'assister à chaque événement de réseautage de votre région. Cela peut vous sembler dur, mais vous serez ainsi plus présent et pourrez mieux vous investir dans les relations les plus importantes.

Comment créer des relations d'excellente qualité

Tony, que nous avons découvert au chapitre 4, vient de fêter sa troisième promotion en l'espace de sept ans. Comme il est spécialiste des ventes et du marketing dans le secteur de l'énergie, vous pensiez peut-être qu'il s'était constitué un formidable réseau pour sa carrière à la progression très rapide. Eh bien, non !

Après une restructuration d'envergure au sein de son entreprise, son supérieur a été remercié et Tony a pensé qu'il allait bientôt subir le même sort. Au lieu de contacter plein de monde, il s'est adressé à quatre personnes avec qui il entretenait déjà une relation de qualité. Il a immédiatement bénéficié de quatre pistes prometteuses. « Ce n'était pas une question de quantité. Je n'ai pas eu à appeler trente personnes, seulement quelques-unes, mais de grande valeur », a-t-il expliqué.

Quand votre réseau est limité, il est essentiel de nouer des relations qui soient pertinentes. La recherche montre que des relations de qualité impliquent deux personnes qui tiennent vraiment l'une à l'autre, même quand elles vivent des moments difficiles (délais serrés à respecter, erreur sérieuse ou, dans le cas de Tony, menace pesant sur son poste)[1]. Avec ce genre de personnes, nous disons ce que nous avons sur le cœur, nous apprenons d'elles et le lien est suffisamment solide pour résister aux coups durs.

Mon mentor, Jane, est non seulement une experte renommée en matière de relations de haute qualité, mais elle est également un exemple quant à la manière de les entretenir dans la vie professionnelle. Quand elle travaillait à l'université du Michigan, elle a démontré que des relations de qualité entre collègues peuvent déboucher sur de nombreux résultats positifs,

---

1. STEPHENS, J. P., HEAPHY, E. & DUTTON, J. E. (2011). High-quality connections. In *The Oxford Handbook of Positive Organizational Scholarship* (p. 385-399) ; Dutton, J. E., *Energize Your Workplace: How to Create and Sustain High-Quality Connections at Work*. John Wiley & Sons, 2006.

dont une meilleure santé physique et psychologique, le savoir et une grande créativité[1].

Pour bâtir des relations de grande qualité, premièrement, vous devez être présent. Un « J'aime » rapide sur le message Facebook d'un ami ou un « Félicitations » proposé par défaut sur LinkedIn est facile mais reste insignifiant. Ne demandez pas « Comment vas-tu ? » si vous n'êtes pas prêt à entendre pendant cinq minutes des nouvelles pas entièrement bonnes. Et ne répondez pas par un « Bien » sans relief si vous souhaitez nouer une relation de qualité. Je me souviens de la première fois où Jane m'a demandé comment j'allais. J'ai rapidement répondu « Bien », me disant qu'elle posait simplement la question par politesse. Je revois encore très nettement sa réaction. Elle m'a regardé droit dans les yeux et elle m'a demandé sur un ton plus ferme : « Non, comment vas-tu vraiment ? » Elle ne pouvait accepter ma première réponse parce que cela n'allait pas favoriser une vraie amitié. Elle avait besoin de se mettre à ma place afin de savoir réellement ce qui se passait dans ma vie. Et j'ai dû surmonter ma crainte de me mettre en position de vulnérabilité en me confiant à quelqu'un dont je voulais gagner l'estime et le respect. Tout en étant une éminente universitaire (et j'étais un étudiant), elle restait une personne désireuse de nouer une véritable relation.

Deuxièmement, aidez les autres à faire de leur mieux. Lorsqu'ils s'aperçoivent que vous souhaitez vraiment les aider, ils s'ouvrent pour qu'une relation

---

1. DUTTON, J. E. (2014). Build high-quality connections. In DUTTON, J. E. & SPREITZER, G. M. (dir.). *How to Be a Positive Leader: Small Actions, Big Impact*. Berrett-Koehler Publishers, p. 11-21.

de grande qualité puisse se construire. Le mentorat est un excellent moyen pour y parvenir, mais ce n'est pas le seul. Parmi les moyens moins formels d'aider les autres, vous pouvez simplement donner un coup de main à un collègue dans le besoin ou lui prêter une oreille attentive. Nous pouvons vraiment changer la vie d'autrui en ayant une parole qui compte, en offrant de partager des avis constructifs sur un sujet donné ou en défendant ses projets. Jane a consacré une grande partie de sa carrière à aider les étudiants comme le font peu de mentors. Et les résultats parlent d'eux-mêmes, car elle a formé certains des meilleurs professionnels de son secteur d'activité.

Troisièmement, soyez ouvert et faites confiance aux autres. Montrez vos fragilités en révélant les erreurs que vous avez commises et en ne cachant rien de vos défauts. Vous vous rendrez accessible et montrerez que vous aussi êtes capable d'évoluer. C'est difficile à faire si vous doutez tant de votre place au travail. Et si vous êtes un leader, les autres vous mettent parfois sur un piédestal, ce qui vous rend d'autant moins abordable. Même la personne la plus talentueuse et extraordinaire avec qui vous travaillez commet de nombreuses erreurs – comme vous ! Arrêtez de faire semblant d'être parfait. Cela vous permettra de nouer des relations plus sérieuses.

Vous pouvez aussi bâtir la confiance en déléguant en toute sincérité. Ne confiez pas un travail à quelqu'un pour ensuite surveiller constamment ses avancées et ignorer ses idées. Alors même que je venais de commencer mon doctorat, Jane m'a fait confiance en m'associant à des volets importants de projets de recherche. Et quand je me suis trompé, elle n'a pas hésité à me dire qu'elle aussi avait commis des erreurs à de nombreuses reprises et que cela faisait partie intégrante de n'importe quel projet.

Quatrièmement, encouragez le jeu. Faire l'imbécile permet non seulement d'évacuer la pression, mais également d'approfondir notre réflexion et de favoriser la créativité[1]. Les événements qui rassemblent tous les membres d'une équipe ou les salariés d'une entreprise pour fêter un succès sont sources de plaisir, mais les événements plus spontanés sont généralement plus authentiques et naturels.

Dans sa carrière, Jane a organisé nombre d'événements auxquels participaient d'éminents experts de différentes nationalités. Les professeurs ont tendance à former une communauté assez introvertie, sérieuse et cynique. Pourtant, elle trouve toujours un moyen de les faire jouer. L'un de ses jeux préférés consiste à distribuer un objet symbolisant le thème de la conférence tout en incitant les participants à être d'une humeur enjouée, par exemple, des graines pour une conférence sur l'épanouissement professionnel.

Au lieu d'accepter systématiquement chaque demande de mentorat, de conseil ou de toute autre aide, nouez des relations sérieuses et d'importance. Il est parfaitement normal de dire non à des demandes superficielles, tout comme il est gratifiant à titre personnel de faire marcher son réseau pour aider les personnes qui nous sont chères.

---

1. MAINEMELIS, C. & RONSON, S. (2006). Ideas are born in fields of play: Towards a theory of play and creativity in organizational settings. *Research in Organizational Behavior* 27, p. 81-131.

Remplaçons le réseautage par des relations de qualité, en substituant aux grands réseaux, souvent sans grande substance, des réseaux plus petits qui sont réellement sources de joie.

Chapitre 8

Mettre de l'ordre dans les réunions

Gavino a passé une grande partie de sa carrière dans la fonction publique. Il était dans les forces de l'ordre avant d'entrer dans l'armée de terre américaine. Ce fut une carrière satisfaisante, avec quelques temps forts comme la mise à jour du programme et du fonctionnement d'une académie de police et la sécurisation du processus d'élections libres en Afghanistan. Mais il a également assisté à énormément de réunions. Avec les briefings quotidiens obligatoires, Gavino s'est retrouvé dans des réunions alors qu'il n'y avait rien à l'ordre du jour.

Il a fini par quitter la fonction publique afin d'entrer dans un cabinet de conseil intervenant à l'international. Il aide des entreprises parmi les plus grandes du monde à regrouper sur une plateforme unique leurs fonctions de ressources humaines, comme la gestion de la paie et des congés.

Ses employeurs du monde de l'entreprise, Gavino l'a vite découvert, étaient très différents de ceux du secteur public. Les leaders du privé n'avaient pas besoin de suivre des procédures strictement réglementées pour savoir quand et comment animer leurs réunions.

Son premier projet était pour un fabricant installé en Floride. Les différents chefs de projet avaient des antécédents et des postes similaires au sein du cabinet de conseil. Les deux chefs de projet assistaient à leurs réunions mutuelles, mais elles se déroulaient toutes différemment selon qui les animait. John, le premier chef de projet, était plutôt pour des réunions programmées, fréquentes, mais interminables. Mark en organisait moins, elles étaient plus courtes et plus concises.

Les discussions des réunions de John restaient pourtant dans le vide et ne se terminaient que lorsque tous les participants étaient tellement fatigués qu'ils cessaient tout simplement de parler. Au cours d'une de ces réunions pour le moins fastidieuses, quelqu'un a eu une idée pour libérer tout le monde : une course aux toilettes. Une femme s'est excusée pour y aller, et ses collègues lui ont immédiatement emboîté le pas, ce qui a mis fin à la réunion. « Ces réunions vous éloignent carrément de votre travail et allongent vos journées… Elles sont presque perçues comme une punition… Ça vous gâche le plaisir de travailler », maugréait Gavino.

Les réunions de Mark, en revanche, démarraient à l'heure et se terminaient souvent plus tôt que prévu, grâce à un ordre du jour bien établi. Gavino se sentait motivé et impliqué pendant et après ces réunions, prêt à faire de son mieux et à apporter sa pierre à l'édifice.

Même si les réunions nous déçoivent, elles sont indispensables. C'est là que de nouvelles idées émergent, que des décisions importantes sont prises, que l'on apprend des autres et que l'on travaille ensemble.

Selon une étude, plus de 15 % de la satisfaction ressentie par une personne pour son travail repose sur celle issue des réunions auxquelles elle assiste[1]. C'est un chiffre assez élevé si l'on considère les très nombreux facteurs influant sur la satisfaction professionnelle, comme le type de travail, le salaire, les possibilités de promotion et votre relation avec votre chef.

Si nous animons et participons à des réunions bien conduites, il est plus facile d'éprouver de la joie au travail. Mais il ne fait nul doute que mal animées, les réunions deviennent un handicap majeur et l'un des plus grands freins à notre productivité[2]. Elles font baisser notre investissement personnel, nous épuisent émotionnellement et sapent le plaisir[3]. Mais, comme le montre l'expérience de Gavino, le problème n'est pas forcément les réunions. Il est possible d'être plus productif avec des réunions moins nombreuses et plus courtes. Quels que soient votre titre ou vos fonctions, vous pouvez mettre en place des mesures très simples pour rendre les réunions deux fois plus efficaces en moitié moins de temps tout en y ajoutant une note de joie !

---

1. ROGELBERG, S. G., ALLEN, J. A., SHANOCK, L. SCOTT, C. & SHUFFLER, M. (2010). Employee satisfaction with meetings: A contemporary face of job satisfaction. *Human Resource Management* 49 (2), p. 149-172.

2. WORKFRONT (2017-2018). *The State of Enterprise Work Report: U.S. Edition.* resources.workfront.com/ebooks-whitepapers/2017-2018-state-of-enterprise-work-report-u-s-edition (document consulté le 13 mai 20).

3. LEHMAN-WILLENBROCK, N., ALLEN, J. A. & BELYEU, D. (2016). Our love/hate relationship with meetings: Relating good and bad meeting behaviors to meeting outcomes, engagement, and exhaustion. *Management Research Review* 39 (10), p. 1293-1312.

Imaginer sa réunion idéale

Avant de commencer à « toiletter » vos réunions, demandez-vous à quoi ressemble une « réunion idéale », qu'il s'agisse de celles auxquelles vous assistez ou de celles que vous pourriez animer. Même si vous êtes en tout début de carrière et que vous vous trouvez à la merci du style d'animation en place, il est important que vous sachiez en quoi, selon vous, ces réunions vous seront utiles. Si vous vous dites que chaque réunion à laquelle vous allez assister sera soporifique, ce sera le cas.

Pour vous, la réunion idéale est-elle une réunion dont l'objectif est clair ? Où tous les participants sont actifs, s'écoutent, se respectent ? S'amusent ? Qui peut rapidement aboutir sur des résultats ?

Notez ou réfléchissez aux caractéristiques et résultats d'une réunion idéale.

Réunissez... vos réunions !

Vous ne vous rendez peut-être pas compte du temps et des efforts consacrés aux réunions parce qu'elles sont éparpillées sur toute la semaine. Le moment est venu de réunir vos réunions.

Passez en revue votre emploi du temps de la semaine précédente et repérez toutes les réunions auxquelles vous avez assisté. Comptabilisez même celles qui n'étaient pas programmées, comme celles de dernière minute. Ensuite, créez une fiche pour chaque réunion (ou une feuille de calcul), inscrivez son nom, sa durée et sa fréquence.

Puis posez-vous les questions suivantes pour chaque fiche :

- Cette réunion était-elle indispensable à mes fonctions ? Par exemple, a-t-elle apporté des informations que vous n'auriez pas pu obtenir en lisant des documents ? Est-ce qu'elle a contribué à la résolution de problèmes graves ? A-t-elle permis de prendre une décision clé ou de mettre en place un plan d'action ? Étiez-vous obligé de vous y rendre sous peine de subir la colère du patron ? Est-il indispensable que vous assistiez systématiquement aux réunions hebdomadaires ?
- La réunion m'a-t-elle aidé à me rapprocher de ma vie professionnelle idéale ? Par exemple, avez-vous appris quelque chose qui pourrait faire avancer votre carrière ?
- M'a-t-elle procuré de la joie ? Par exemple, vous a-t-elle permis de vous sentir plus en osmose avec vos collègues ? Y avez-vous pris du plaisir ?

Déchirez la fiche de toutes les réunions qui ne remplissent aucune des conditions énoncées ci-dessus. N'oubliez pas de lui dire merci pour ce qu'elle vous a appris (même s'il en est ressorti de ne pas faire de réunion !).

Pour les réunions qui relèvent de votre responsabilité, passez en revue toutes les fiches en partant du principe que vous allez annuler toutes celles déjà programmées. Rien n'est sacré, pas plus le point hebdomadaire que la réunion trimestrielle délocalisée, le bilan de fin de semestre ou la réunion de projet bimensuelle. Ne gardez que les réunions récurrentes qui sont souvent les plus fructueuses pour le travail et satisfont au mieux les participants… jusqu'à ce qu'elles ne soient plus nécessaires ou utiles ! Ce n'est pas parce qu'elles ont fourni d'excellents résultats par le passé qu'elles doivent être éternelles.

Maintenant, placez les fiches restantes devant vous pour les avoir toutes sous les yeux. Que vous disent-elles sur votre travail ? Passez-vous trop de temps dans des réunions et pas assez à assurer vos fonctions ? Ces réunions sont-elles pour la plupart indispensables au boulot alors qu'une minorité seulement vous rapproche de votre vie professionnelle idéale ? Pensez-vous que si vos journées sont occupées en réunions, ce n'est que pour faire plaisir à votre chef ?

Les réunions désorganisées ou inutiles, ce n'est pas la même chose

Faites votre possible pour vous faire excuser quand une réunion est inutile, ne contribuera pas à construire un avenir joyeux ou ne sera pas source de joie. Mais, disons vrai, ce ne sera pas toujours évident de l'éviter, même avec les meilleures raisons. C'est même inenvisageable pour certaines personnes au regard de leur lieu de travail. À vous d'évaluer vos conditions de travail, sachant que les marges de manœuvre sont souvent plus larges que nous le pensons.

Il existe deux raisons pour lesquelles les gens ne veulent généralement pas assister à une réunion donnée : elle est désorganisée ou elle ne relève pas particulièrement de leur travail. J'explique plus loin comment mieux organiser une réunion. « Ranger » une réunion peut l'améliorer, et, dans la mesure où elles sont pertinentes, elles méritent d'être conservées. Vous pouvez les travailler pour qu'elles donnent tout leur potentiel.

Si vous trouvez sans intérêt l'objectif d'une réunion, qu'il s'agisse pour vous d'en retirer quelque chose ou d'y apporter une contribution, il est temps de tenter de ne plus y assister. Votre présence ne vous permettra pas de vous rapprocher de votre vie professionnelle idéale pas plus qu'elle sera d'une utilité quelconque comme aider des collègues. Tony, le spécialiste du marketing évoluant dans l'industrie énergétique présenté au chapitre 4, évalue désormais la valeur potenticlle de chaque réunion avant d'y assister. Ses collègues sont nombreux à terminer tard le soir parce qu'ils enchaînent les réunions à longueur de journée et ne parviennent jamais à mener un travail à son terme. Il estime que « 10 % seulement des réunions valent la peine ».

C'est une approche directe. Tony a compris qu'être un bon coéquipier lui donnait de la marge pour refuser poliment d'assister à certaines réunions. Bien qu'il soit un employé de niveau intermédiaire qui n'anime pas les réunions, il sait repérer celles auxquelles il peut assister sans perdre son temps. Et il n'hésite pas à dire à son chef quand il trouve inutile d'assister à une réunion. « Si j'y vais, cela va nuire aux intérêts des actionnaires ! » s'amuse-t-il à dire.

De nombreuses entreprises donnent une telle importance aux réunions qu'il est inenvisageable d'y échapper sans passer à l'étape supérieure. Vous pouvez ne pas avoir l'assurance ou le statut nécessaires pour vous désengager sans détour d'une réunion. Vous pouvez aussi rendre vous-même votre présence obligatoire, simplement parce que vous n'osez pas, ou trouvez malavisé, de dire à un collègue que vous ne serez pas présent. Imaginez la conversation suivante : « Je suis désolé, mais ta réunion m'épuise d'avance, elle est inutile. Je n'y vais pas. » Et lorsque votre chef bat le rappel pour le début de la réunion, il vous semble impossible de reculer. Que pouvez-vous faire alors ?

Pensez à demander que l'on vous donne à l'avance l'objectif et l'ordre du jour de cette réunion. Vous y voyez là le moyen d'y aller bien préparé. Vous pourriez alors vous rendre compte qu'elle est effectivement pertinente pour votre travail. Mais si vous avez encore des doutes sur ce que vous pourriez y apprendre ou apporter, posez des questions simples. Formulez-les de manière à montrer que vous souhaitez que cette réunion soit un succès et à éviter de mettre l'animateur sur la défensive. Posez des questions telles que : Comment puis-je contribuer au mieux au succès de cette réunion ? Que puis-je faire pour y être bien préparé ? Ces questions sont un moyen rapide et peu risqué d'avoir une idée plus claire de votre rôle dans une réunion. Elles pourraient même aider l'animateur à conclure que votre présence n'est pas nécessaire.

Si, après cet effort initial, vous restez convaincu que vous n'avez rien à apporter, demandez poliment à en être dispensé. Vous pouvez indiquer à l'animateur que vous ne serez pas un participant intéressant. La recherche montre que fournir une explication (comme ne pas disposer d'informations pertinentes ou qu'il n'y aura pas de répercussions sur votre travail) accroît vos chances d'y échapper[1]. Si c'est possible, indiquez une personne dont la contribution sera plus précieuse.

Si rien ne fonctionne et que vous êtes coincé pour aller à cette horrible réunion, identifiez au moins une chose que vous pourrez apprendre en y assistant.

Multiplier les réunions ne vous rend pas plus important

Reconnaissez en toute franchise que vous avez involontairement participé à l'accumulation de vos réunions. Quand je demande aux gens s'il y a trop de réunions dans leur emploi du temps, ils répondent presque toujours par l'affirmative. Mais quand je leur demande quelle serait leur réaction s'ils n'étaient pas conviés à une réunion, ils ont tous tendance à le prendre comme une attaque personnelle ou comme un signe de mise sur la touche. Débarrassez-vous de cette idée qui consiste à croire que plus vous assistez à des réunions, plus vous êtes important. Avez-vous vraiment besoin ou même envie d'y assister ? Essayez-vous simplement d'en être parce que vous avez le sentiment que cela montre votre valeur ? Ou craignez-vous de manquer une conversation importante ou de passer à côté d'une décision clé ? N'oubliez pas, les réunions ne sont que l'un des nombreux moyens qui vous permettent de changer la donne. Votre objectif n'est pas

1. Langer, E. J., Blank, A. & Chanowitz, B. (1978). The mindlessness of ostensibly thoughtful action: The role of "placebic" information in interpersonal interaction. *Journal of Personality and Social Psychology* 36 (6), p. 635-642.

de remporter le prix de l'employé comptant le plus de réunions à son actif.

Rendre une réunion plus joyeuse est à la portée de tous

Lorsque vous entrez en réunion, vous mettez les pieds dans un espace commun destiné à collaborer, prendre des décisions et échanger des idées. Choyez cet espace et il deviendra source de joie. Ne vous en servez pas pour privilégier vos petits intérêts personnels. Les réunions ne sont pas faites pour prononcer des discours interminables, faire preuve d'étroitesse d'esprit ou démolir les idées des collègues afin de valoriser les vôtres.

Règle n° 1 : être présent, totalement !

J'ai assisté à beaucoup trop de réunions où très peu de participants sont réellement présents et impliqués. Soyez assis le dos bien droit, rapprochez-vous de la table et répandez de l'énergie positive. Ce n'est pas le moment de laisser votre esprit vagabonder.

Règle n° 2 : une réunion, ça se prépare

Si l'animateur a transmis un ordre du jour par avance, soyez au niveau pour le jour dit. Si vous sentez que vous n'avez pas le temps de vous y préparer, vous n'aurez probablement pas non plus celui d'y assister. Demandez-vous : « Cette réunion vaut-elle la peine d'être maintenue ? »

Règle n° 3 : éteindre son téléphone

Je suis sérieux, tout le monde vous voit jeter un coup d'œil furtif à votre téléphone. Ce n'est pas poli et c'est le signe qu'à vos yeux, la réunion est secondaire et ne mérite pas toute votre attention. Et il fait du bruit, beaucoup de bruits, du signal des notifications aux tapotements sur l'écran. Dès qu'une personne utilise son smartphone, les autres suivent et c'est tout le groupe qui appréhendera la réunion sans le respect qui lui est dû. Si vous n'êtes concentré que sur la réunion, elle durera moins longtemps, sera plus efficace et agréable.

Règle n° 4 : écouter... vraiment !

Nous devrions être capables d'apprendre les uns des autres au cours des réunions. Mais c'est assez difficile, car nous aimons tous parler. Au cours d'une série d'expériences, les chercheurs ont découvert que les gens voulaient tellement parler qu'ils étaient prêts à renoncer à une somme d'argent pour pouvoir parler encore plus longtemps. L'analyse des clichés cérébraux des participants pendant l'étude a révélé que parler procure la même satisfaction que manger ou faire l'amour[1]. Pas étonnant, dans ces conditions, que

1. TAMIR, D. I. & MITCHELL, J. P. (2012). Disclosing Information about the self is intrinsically rewarding. *Proceedings of the National Academy of Sciences* 109 (21), p. 8038-8043.

les discussions en réunion soient rapidement hors sujet et que l'on ne s'y n'écoute pas assez.

Règle n° 5 : parler

Vous avez parfois besoin de partager des informations exclusives. Concentrez-vous sur la progression de la discussion avec de nouvelles données, un autre point de vue ou veillez à recentrer les débats. Si vous pensez nécessaire de stimuler l'esprit critique du groupe, proposez à un participant de se faire l'« avocat du diable » ou de représenter un « concurrent » ou toute autre partie prenante, comme un service de l'entreprise, un régulateur ou un client. Bien qu'un animateur efficace sache couper court aux redites ou aux discussions inutiles, un bon participant sait réguler son comportement, à savoir parler quand il est temps et écouter quand il faut. Pour cela, il existe une règle très simple. Il suffit de se demander : « Est-ce que ce que je vais dire va faire avancer l'un des objectifs de la réunion ? Si la réponse est « non », le moment est venu d'écouter les autres.

Règle n° 6 : ne pas blesser

Nous sommes des adultes responsables. Rejeter la responsabilité sur les autres, couper la parole ou se mettre en avant sont sources de dysfonctionnement. Une étude remarquable portant sur quatre-vingt-douze réunions d'équipe a révélé que l'impact d'un seul comportement négatif sur une réunion était plus important que celui de plusieurs comportements positifs[1]. Alors, à tout le moins, laissez vos remarques narquoises et votre mauvaise attitude dans votre bureau.

Règle n° 7 : soutenir les autres

Au lieu de rejeter immédiatement la proposition d'un participant, essayez de l'améliorer. Remplacez un « non, mais » par un « oui, et » afin de faire taire votre tendance à rejeter les idées des autres et de vous habituer à vous en servir comme base pour faire avancer la discussion. Les autres se sentiront mieux. Et vous aussi, pour les avoir aidés.

Maîtriser une réunion

Peut-être êtes-vous un dirigeant qui mène régulièrement des réunions. Ou bien êtes-vous de ceux qui aspirent à grimper des échelons et à endosser des responsabilités supplémentaires, ce qui vous conduira probablement à animer des réunions. Vous pourriez avoir besoin d'en organiser avec des clients pour obtenir de meilleurs résultats. Il est possible aussi que votre chef vienne un jour vous demander d'animer une réunion en son absence. Serez-vous prêt ? Quel que soit votre poste, apprendre à diriger une réunion dans les règles de l'art est une compétence qui vous sera très utile.

---

1. Kauffeld, S. & Lehman-Willenbrock, N. (2012). Meetings matter: Effects of team meetings on team and organizational success. *Small Group Research* 43 (2), p. 130-158.

En premier lieu, sachez ce que vous voulez en retirer. Une réunion est-elle même nécessaire ? Certaines sont purement informatives et il existe généralement un moyen plus efficace de partager ces informations. Un simple document ou quelques *slides* peuvent expliquer le sujet que vous souhaitez traiter. Laissez vos collègues se tenir informés à leur propre rythme et réservez les réunions aux discussions et à la prise de décision.

L'inconvénient des réunions récurrentes, c'est qu'elles ont automatiquement lieu à moins que quelqu'un ne décide de les annuler. Pouvez-vous remplacer une réunion récurrente par une réunion occasionnelle si vous avez un sujet important à traiter ?

Deuxièmement, réfléchissez bien aux participants. Étant donné que les convocations sont électroniques, il est très facile d'inviter des collègues à y participer. Il est également tentant d'ajouter un maximum de personnes, soit pour que la réunion paraisse plus importante, soit parce que vous pensez qu'elle se déroulera mieux. Si vous deviez leur envoyer une invitation manuscrite, prendriez-vous le temps de les inclure ?

Avoir trop de participants ralentit une réunion. Il est plus important d'avoir peu de participants, mais les bons, qu'une salle pleine. Privilégiez ceux qui ont des informations particulières à annoncer ou le pouvoir d'agir ou de prendre une décision.

Troisièmement, indiquez les objectifs de la réunion dans la convocation. Cela aidera les personnes conviées à savoir si leur présence est réellement nécessaire. Si ce n'est pas le cas, autorisez-les à s'absenter sans qu'il y ait de conséquences. Si vous trouvez que la réunion ne sera pas aussi productive sans la présence d'une personne en particulier, dites-lui que sa participation constituerait un avantage indéniable. Si la réunion se déroule très bien sans elle, c'est que sa présence n'était pas vraiment nécessaire.

Assurez-vous que l'ordre du jour est suffisamment détaillé pour que les participants puissent bien se préparer. Vous pouvez, par exemple, recenser les décisions à prendre ou les mesures à soumettre au débat de l'assemblée, demander aux participants de réfléchir à l'avance à des questions et les inviter à proposer des idées.

Quatrièmement, encouragez une participation active. Vous avez incité les participants à apporter leur contribution, mais il n'y a pas moyen plus rapide de démoraliser un groupe que de monopoliser la parole. Indiquez clairement dès le départ que votre objectif est de mettre en valeur les idées de chacun – et non que les participants vous écoutent et acquiescent à tout ce que vous dites. Si les dirigeants parlent trop, le processus de prise de décision est ralenti[1], la productivité diminue[2] et, globalement, cela débouche sur les pires décisions[3].

Évitez de faire le tour de table pour recueillir l'opinion de chacun. Demandez plutôt à tous les participants d'intervenir quand ils ont quelque chose à ajouter.

---

1. SMITH, K. G., SMITH, K. A., OLIAN, J. D., SIMS Jr, H. P., O'BANNON, D. P. & SCULLY, J. A. (1994). Top management team demography and process: The role of social integration and communication. *Administrative Science Quarterly* 39 (3), p. 412-438.

2. KARR-WISNIEWSKI, P. & LU, Y. (2010). When more is too much: Operationalizing technology overload and exploring its impact on knowledge worker productivity. *Computers in Human Behavior* 26, p. 1061-1072.

3. KERR, N. L. & TINDALE, R. S. (2004). Group performance and decision making. *Annual Review of Psychology* 55, p. 623-655.

Encouragez-les à participer activement à l'aide de questions ouvertes qui favorisent le débat et permettent à chacun de s'exprimer librement. Vous pouvez poser des questions telles que : y a-t-il une autre façon d'aborder ce problème ? Quelles zones d'ombre doivent attirer notre attention ? Quel sera l'état d'esprit de nos clients, de nos employés ou de nos autres interlocuteurs ?

Si certaines personnes sont passives, surtout au cours de réunions récurrentes, entretenez-vous rapidement avec elles afin de les inciter à s'impliquer la fois suivante. Ont-elles le sentiment de ne rien avoir à dire ? Si oui, peut-être ne sont-elles pas les mieux placées pour assister à cette réunion ? Dispensez-les alors d'y aller. Si elles manquent de confiance, par exemple, parce qu'elles ont le niveau hiérarchique le moins élevé, dites-leur que vous les avez conviées parce que vous voulez leur avis.

Cinquièmement, fixez une durée à vos réunions. Trente et soixante minutes sont des durées courantes, car il s'agit de chiffres ronds, mais en dehors de ça, il n'existe pas vraiment de logique dans ce domaine. Les réunions se terminent rarement plus tôt que prévu, même si l'ordre du jour est épuisé. S'il est prévu qu'elles durent plusieurs heures, elles dureront plusieurs heures.

Au-delà de soixante minutes, les participants risquent de décrocher. Quand la durée prévue est trop longue, la première moitié de la réunion a tendance à ne pas être trop productive, car il n'y a aucune urgence. Au-delà du fait qu'elle prend moins de temps, une réunion dont la contrainte horaire est plus courte peut stimuler la créativité Essayez de réduire la durée des réunions existantes par paliers de quinze minutes jusqu'à ce que vous constatiez qu'il vous manque du temps.

Même si les réunions trop longues sapent notre énergie, veillez à ne pas les remplacer par des réunions plus fréquentes et plus courtes. La plupart des gens acceptent volontiers les demandes de réunions expresses, mais elles peuvent s'avérer presque aussi coûteuses que les longues (si tant est qu'elles restent courtes, ce qui se produit rarement !). S'y préparer prend du temps et perturbe nos autres travaux. Au cours d'une étude, des chercheurs ont découvert que le temps passé en réunion avait peu d'impact sur le bien-être des employés. L'important, c'était le nombre de réunions auxquelles ils assistaient. Les perturbations permanentes causées par le nombre élevé de petites réunions les déprimaient et les épuisaient plus que de longues réunions moins nombreuses. Ils ont également constaté qu'augmenter le nombre de réunions n'améliorait pas la productivité[1]. Il vaut bien mieux regrouper toutes les questions afférentes au même sujet lors d'une réunion de quarante-cinq minutes plutôt que de planifier plusieurs réunions courtes sur la semaine.

Organisez des réunions « debout » sans les traditionnelles chaises et tables de conférence, car elles génèrent des idées plus novatrices et une plus grande collaboration[2]. S'asseoir marque symboliquement un

1. Luong, A. & Rogelberg, S. G. (2005). Meetings and more meetings: The relationship between meeting load and the daily wellbeing of employees. *Group Dynamics: Theory, Research, and Practice* 9 (1), p. 58-67.

2. Knight, A. P. & Baer, M. (2014). Get up, stand up: The effects of a non-sedentary workspace on information elaboration and group performance. *Social Psychological and Personality Science* 5 (8), p. 910-917.

territoire, ce qui pousse les participants à faire preuve d'une possessivité excessive vis-à-vis de leurs idées et à se montrer moins ouverts aux nouvelles idées. En revanche, la position debout pousse les personnes à s'investir plus et les rend moins territoriales. Et, en prime, les réunions « debout » ont tendance à durer moins longtemps[1].

Enfin, tout comme une réunion a besoin d'un objectif et d'un ordre du jour, il lui faut également un résumé. Commencez par remercier tout le monde de sa participation. Les gens ont trouvé un créneau dans leur agenda chargé pour traiter les questions à l'ordre du jour. Vous leur devez donc bien d'exprimer toute votre gratitude avec sincérité. Un résumé devrait les aider à comprendre en quoi leur temps a été bien utilisé. Posez-leur ce genre de questions : quels progrès avons-nous réalisés ? Quels ont été les obstacles ? Qu'avons-nous appris ? Quels problèmes ont été résolus ? À la fin d'une réunion au cours de laquelle une décision a été prise, demandez aux participants de s'engager publiquement à la soutenir, même s'ils n'y étaient pas favorables. En s'engageant publiquement, ils seront bien plus susceptibles d'aller jusqu'au bout et moins à même d'entreprendre à la dérobée des discussions visant à ébranler ou à saboter la décision prise.

Imaginez des réunions stimulantes et auxquelles vous avez hâte d'assister. Elles font progresser des

---

1. TAPARIA, N. (19 juin 2014). Kick the chair: How standing cut our meeting times by 25%. *Forbes*.

projets de qualité et se terminent même parfois plus tôt que prévu. Cette vision est à votre portée si vous faites le nécessaire pour mettre de l'ordre dans les réunions. Aidez tout le monde à se montrer plus joyeux en salle de conférences !

CHAPITRE 9

Dépoussiérer ses équipes

Marcos a décroché le poste de ses rêves. Analyste en approvisionnement senior chargé de la supervision des achats informatiques pour l'Amérique du Nord au sein d'une grande entreprise du secteur énergétique, il se rendait chaque jour plein d'enthousiasme au bureau. Mais un an après son entrée en fonction, le secteur de l'énergie a plongé. Son poste a été supprimé. Le chef de Marcos lui a posé un ultimatum : quitter l'entreprise ou rejoindre une nouvelle équipe.

Marcos était contrarié, et ça se comprend. Il n'avait pas envie de quitter son ancienne équipe et le travail dans la nouvelle s'annonçait plutôt ennuyeux (trier et traiter les quinze mille factures que l'entreprise recevait chaque mois). Mais il n'était pas question qu'il se retrouve au chômage, il a donc rejoint la nouvelle équipe, à contrecœur, et s'est lancé dans une tâche mortellement ennuyeuse, corriger les erreurs de facturation. « Ça été pénible. J'ai souffert », a-t-il conclu.

À son arrivée, il s'est aperçu que le travail de l'équipe se faisait en dépit du bon sens. Avec un taux d'erreur à deux chiffres, trop de factures restaient impayées, en tout ou partie. En outre, l'équipe, composée de quinze personnes, n'avait pas de chef officiel. Marcos a pris le taureau par les cornes. « Tu as hérité du pire poste de la chaîne logistique, s'est-il dit. Est-ce que tu peux devenir son chef sans en avoir le titre ? » Il est devenu le spécialiste de la chasse aux erreurs de facturation, ce qui a facilité le travail du reste de l'équipe. Ses conseils ont donné encore plus de poids à ses efforts.

Son implication a changé la donne. L'équipe s'est soudée, ses membres ont commencé à aimer leur travail et le pourcentage d'erreurs a été réduit de plusieurs points. L'équipe s'est fait remarquer pour la qualité de son travail. Très vite, la direction a récompensé Marcos en le nommant à de nouvelles fonctions dans le domaine, plus respecté dans l'entreprise, de l'analyse de la chaîne logistique. Lorsqu'il a quitté le service de la facturation, la direction a proposé à son successeur le poste officiel de chef d'équipe, reconnaissance dont il n'a jamais bénéficié, mais véritable témoignage de l'influence de son rôle informel.

Il a gardé le contact avec son ancienne équipe. En l'espace de quelques mois, le nouveau chef est revenu sur bon nombre des changements mis en œuvre par Marcos. Le moral et l'investissement des troupes ont plongé. Moins d'un an après avoir quitté son poste, Marcos s'est vu proposer par la direction de reprendre la tête de sa précédente équipe.

Pour la deuxième fois en deux ans, il a quitté un poste qu'il aimait pour une équipe dont la mission lui paraissait fastidieuse. Pour couronner le tout, l'équipe n'aurait encore une fois aucun chef désigné, et Marcos n'aurait ni la reconnaissance officielle ni l'augmentation qu'il estimait mériter. C'était, certes, décevant, mais au fond de lui, il était assez enthousiaste à l'idée de relever ce défi.

Il a abordé ce « nouveau » poste armé de grands projets. « Même si je ne suis pas leur supérieur hiérarchique officiel, je vais reformer cette équipe et la faire travailler correctement », pensa-t-il. Agissant comme le chef que beaucoup d'entre nous aspirent à être, il a entrepris de mettre de l'ordre dans son équipe, devenue imposante, improductive et triste. Il s'est fixé un objectif ambitieux, celui de faire baisser le taux d'erreur de 10 % à 3 %, tout en réduisant la taille de l'équipe. Il voulait la rendre si efficace qu'il n'y aurait pas besoin de le rappeler une troisième fois. « Dans l'équipe, tout le monde sait que je m'automatiserais moi-même si je le pouvais », plaisantait-il.

Il a contribué à la conception d'un robot capable d'abattre le travail de cinq personnes, ce qui a permis de réduire la taille de l'équipe de plus de la moitié. Mais il a aussi trouvé de meilleurs postes aux collaborateurs dont le poste avait disparu. L'un d'eux est passé d'un travail manuel et banal de correction des factures à la prise en charge de toutes les réunions de l'équipe. Une autre a enfin eu le courage d'entrer dans une équipe susceptible de mieux employer ses compétences. Grâce aux efforts de Marcos, l'entreprise a économisé beaucoup d'argent et les employés ont fait un travail qui leur procurait plus de joie, bien loin de la correction assommante de milliers de factures. Marcos se sentait comblé d'aider tout le monde, disant de son travail qu'il était « extrêmement gratifiant ».

Lorsqu'une équipe est synchronisée, le travail est motivant et la productivité élevée. Ses membres sont fiers et s'investissent pour modifier les résultats. Mais quand nous appartenons à une équipe désorganisée, nous perdons notre temps et finissons par être frustrés. Nous pouvons même décrocher complètement, ne pas préparer nos dossiers ou être réticents à faire part de nos idées.

Vu la nature de la plupart des emplois, il est difficile d'être heureux au travail si l'équipe à laquelle vous appartenez n'est pas heureuse. Bien qu'étant dépourvu d'un rôle d'encadrement formel, Marcos a profité de sa présence pour améliorer son équipe. Il a transformé une équipe improductive et travaillant sans intérêt en une structure bien organisée exécutant des tâches bien plus agréables et de meilleure qualité. Vous n'êtes peut-être pas aux manettes de l'équipe à laquelle vous appartenez, mais vous pouvez faire en sorte qu'elle soit plus joyeuse !

Visualiser son équipe idéale

Vous avez probablement déjà rencontré deux types d'équipe. Il y a les équipes de travail de base, des groupes permanents, généralement organisés autour d'un département ou d'un besoin organisationnel. Ce sont, par exemple, un pôle d'infirmières, un bataillon de soldats ou une équipe de direction transversale. Il y a aussi les équipes projet, elles sont temporaires et créées pour résoudre un problème particulier, lancer un produit, servir un client ou prendre une décision. Ces deux types d'équipe impliquent de collaborer, de rassembler les points de vue différents et de générer et mettre en œuvre des idées.

Prenez un moment pour imaginer votre équipe idéale. À quoi ressemble-t-elle ? Est-elle pleine d'interactions positives et de relations enrichissantes ? S'agit-il d'une équipe « exclusivement professionnelle » qui résout rapidement une situation ou y a-t-il de la place pour des sujets autres que le travail, y compris passer du temps entre collègues ? Est-ce que votre équipe idéale vous incite à donner le meilleur de vous-même ? Est-ce qu'elle apporte son soutien, encourage ou favorise les progrès ? Il n'y a pas de bonne ou mauvaise réponse, du moment qu'elle vous convient.

Créer une pile d'équipes

Le moment est venu de former une pile avec toutes vos équipes. En haut d'une fiche papier (ou d'une feuille de calcul), inscrivez le nom de chacune d'elles, y compris celui de votre équipe de base et de toutes les équipes projet.

Découvrons maintenant ce qui se passe au sein de chaque équipe. Il existe, certes, le « comité de réflexion X » ou « l'équipe de résolution des problèmes ». Mais à quoi servent précisément ces équipes ? Leur *but* est que vous soyez persuadé que le travail que vous effectuez a une vraie valeur. Il nous permet de donner un sens à nos efforts en nous reliant à un objectif supérieur. Sans but, les équipes sombrent très vite dans le chaos, errant de tâche en tâche, sans véritable raison d'être.

Le chef d'équipe est censé exposer le but de l'équipe – et si vous êtes cette personne, allez-y ! Nous voulons tous, nous qui ne sommes pas chefs, comprendre l'utilité de notre équipe, même si cela ne nous a jamais été dit, afin de saisir la portée de nos efforts et de savoir que notre temps est rentable. Entendre simplement « progresser », « résoudre des problèmes » ou « améliorer le processus » est bien trop vague. Et ce n'est guère motivant. En tant que chef, connectez-vous au travail de l'équipe le plus concrètement possible pour aider une personne ou un groupe. Pour l'équipe de correction des factures de Marcos, il ne s'agissait pas de simplement corriger des erreurs. Elle ressentait le besoin de restaurer l'intégrité de l'entreprise en réglant les sommes dues à ses fournisseurs en temps et en heure. Une équipe de développement de produits est à son sommet quand son but n'est pas simplement de lancer des produits, mais de faire plaisir à ses clients et de leur faciliter la vie.

Au cours d'une étude vraiment édifiante, des chercheurs ont observé une équipe d'agents d'entretien d'un hôpital[1]. Leur travail consistait à nettoyer les chambres et les parties communes, tâche souvent ingrate qui ne rend généralement pas les gens heureux. Pourtant, cette équipe s'épanouissait et les employés aimaient leur travail. Leur secret ? Au lieu de définir leur travail de façon étroite, uniquement nettoyer derrière les patients, les membres de l'équipe se voyaient eux-mêmes comme des personnes dispensant des soins

1. Wrzesniewski, A. & Dutton, J. E. (2001). Crafting a job: Revisioning employees as active crafters of their work. *Academy of Management Review* 26 (2), p. 179-201.

essentiels aux malades. Outre le fait qu'elle veillait au confort des patients recevant des traitements difficiles, l'équipe contribuait à leur bien-être, par exemple en donnant des mouchoirs aux personnes qui pleuraient ou un verre d'eau à ceux souffrant de nausées.

Sur chaque fiche, rédigez une phrase résumant le but de chaque équipe au sein de laquelle vous évoluez. Demandez-vous : « En quoi notre équipe contribue-t-elle à la réalisation des objectifs ou à l'atteinte de la vision de l'entreprise ? » ; « Quelles informations ou idées utiles produisons-nous ? » ; « Qu'est-ce que j'apprécie personnellement au sein de cette équipe ? »

Avez-vous du mal à répondre à ces questions ? Demandez aux autres membres de l'équipe quelle est leur perception de sa raison d'être. Si vous avez toujours du mal à y répondre, l'existence même de l'équipe devrait être reconsidérée. Certaines équipes ont peut-être déjà atteint leur but.

Évaluer sa pile d'équipes

Prenez maintenant chaque fiche, en commençant par la plus facile et en terminant par la plus difficile. La plupart des personnes vont commencer par la dernière équipe rejointe et finir par la principale structure de travail. Posez-vous les questions suivantes pour chaque équipe :

- Est-elle nécessaire pour mon travail ? À moins que vous ne changiez de poste, il vous faudra rester engagé avec la structure principale. D'autres équipes doivent être conservées parce qu'elles apportent des informations nécessaires pour votre travail, parce que votre contribution est indispensable ou simplement parce que votre chef l'exige.

- Me permet-elle de me rapprocher de ma vie professionnelle idéale ? Peut-être vous motive-t-elle ou va-t-elle vous offrir les compétences ou les contacts nécessaires pour concrétiser le bel avenir dont vous rêvez.
- Me procure-t-elle de la joie ? Par exemple, travailler pour atteindre le but même de l'équipe me rend-il heureux ?

Avant de déprécier une équipe, reconnaissez qu'il y a toujours du positif à en retirer, et ce, même au pire des moments. Que pouvez-vous apprendre d'un membre de l'équipe ? De qui êtes-vous le plus proche et avec qui aimez-vous le plus échanger ? Quel type de travail utile effectuez-vous pour l'équipe ?

Faites deux piles : les équipes qui vous satisfont et celles qui ont besoin de progresser. Si votre structure principale est source de joie, y être est formidable, car c'est généralement là que vous passez le plus clair de votre temps. Si une équipe projet donnée vous procure de la joie, qu'est-ce qui vous attire chez elle ? Identifier la source de joie vous aidera à mieux vous connaître et à savoir ce que vous aimeriez tirer de votre travail.

J'aimerais bien vous donner un truc pour vous débarrasser de la pile des équipes sans joie, mais ce n'est guère possible. Ce qui l'est, c'est d'améliorer une équipe et en faire une source de joie plus grande (avec moins de frustration). Concentrez-vous sur cette pile, mais les conseils que je propose peuvent également servir pour rendre une bonne équipe encore meilleure. N'oubliez pas que, quel que soit le titre de votre poste, il existe des moyens simples de rendre une équipe plus heureuse.

Ne pas semer le désordre chez d'autres membres de l'équipe

Un membre qui décroche peut rapidement transformer une équipe joyeuse en un groupe désordonné où tout le monde baisse les bras. Personne ne veut faire d'efforts supplémentaires pour compenser le relâchement et le manque de préparation de ses collègues. Être ainsi en roue libre nuit à l'atmosphère de l'équipe. Le raisonnement type est alors le suivant : « Pourquoi faudrait-il que je travaille dur alors qu'untel et untel ne font pas grand-chose ? » Quand cette attitude se propage, le désordre prend le dessus. Au-delà des mises en cause et des attitudes défensives, peu de personnes arrivent bien préparées en réunion et elles sont encore moins nombreuses à donner le meilleur d'elles-mêmes. Celles qui en font plus pour prendre la relève commencent à en vouloir aux moins actifs et peuvent se retrouver épuisées.

Il existe une explication à ce désengagement, et ce n'est généralement pas une question de paresse ou d'irresponsabilité. Vous est-il déjà arrivé de ne pas vous impliquer dans une équipe parce vous pensiez les autres plus intelligents, plus informés ou plus expérimentés ? Le manque de confiance nous rend souvent aveugles sur nos atouts uniques et ce qu'ils peuvent apporter. C'est souvent le membre le moins expérimenté d'une équipe qui peut aider à résoudre les problèmes les plus ardus. Ne laissez pas croire à tort que vous n'auriez rien à apporter, raison pour laquelle vous ne prendriez pas la parole (ce qui donne l'impression à toute l'équipe que vous êtes quasi absent). Contribuez à instaurer la confiance en montrant à tous les membres (y compris à vous-même !) qu'ils peuvent apporter leur pierre à l'édifice. Soulignez l'action d'un membre qui fait vraiment la différence sur vous, l'équipe, un autre salarié ou un client.

La confiance maintient l'ordre dans les équipes

Dans le monde professionnel actuel, particulièrement trépidant, la confiance mutuelle permet d'éviter le burn-out et empêche de rapporter les problèmes de travail à la maison (de rentrer grognon avec peu de temps à consacrer aux êtres chers qui méritent pourtant l'énergie qui vous a quitté)[1]. En plus de créer un environnement professionnel plus agréable, la confiance aide l'équipe à atteindre des objectifs importants. Quand vous appartenez à un groupe où règne une grande confiance, tout le monde essaie d'améliorer le collectif. Dans les groupes où la confiance est faible, ces efforts vont servir à remplir des objectifs individuels, généralement au détriment du groupe[2].

1. HARVEY, S., KELLOWAY, E. K. & DUNCAN-LEIPER, L. (2003). Trust in management as a buffer of the relationships between overload and strain. *Journal of Occupational Health Psychology* 8 (4), p. 306.

2. DIRKS, K. T. (1999). The effects of interpersonal trust on work group performance. *Journal of Applied Psychology* 84 (3), p. 445-455.

Résultat : une équipe désordonnée, en discussions permanentes, qui remue beaucoup d'air pour pas grand-chose.

Il est difficile d'instaurer la confiance au moment où elle est nécessaire et fait défaut, alors, n'attendez pas. Apprenez à connaître les membres de votre équipe en dehors du bureau. Partagez ouvertement des informations pour inciter les autres à en faire autant. Ne soyez pas trop rapide à blâmer les autres pour leurs erreurs, ils seront moins enclins à les avouer par la suite. Parlez plutôt en toute franchise des incidents précédents et tirez-en des enseignements. Et reconnaissez vos propres erreurs. Si nous reconnaissons nos propres limites, nous cessons d'être durs avec nous-même au moindre petit écart. Cela contribue à créer un climat plus sûr où nous pouvons tous montrer nos failles, ce qui permet d'aider le groupe à progresser.

Des désaccords ne naît pas toujours le chaos

Il est reposant de se trouver dans une salle où de nombreuses personnes sont d'accord avec vous. Le problème, c'est que s'il n'y a pas désaccord, ce peut être parce qu'elles n'ont pas analysé complètement une décision ou ne se sont pas lancées dans une discussion fructueuse. Ce qui n'est pas reposant, c'est quand l'équipe est sous-investie parce que des membres ont peur de proposer un point de vue contraire. On parle alors de « pensée de groupe », et les équipes comme celles-ci fonctionnent mal. Pour obtenir les meilleurs résultats, il vous faut être parfaitement à l'aise pour pouvoir échanger avec des personnes dont l'avis diverge.

La recherche montre que, même au sein d'équipes diversifiées, les gens ont tendance à se concentrer sur ce que tout le monde sait, comme les préférences des clients, les projets passés ou le mode de fonctionnement habituel de l'entreprise[1]. Malgré notre tendance à parler de ce que nous savons tous, chaque personne apporte ses propres connaissances. Ce sont souvent des informations en apparence modestes, mais qui s'avèrent vitales pour l'efficacité d'une équipe[2]. Chaque membre peut apporter sa pierre à l'édifice en faisant part de ses expériences, de ses idées et du contexte de son travail.

Si vous trouvez qu'il règne un trop grand consensus au sein du groupe, désignez quelqu'un pour jouer le rôle de l'avocat du diable. En acceptant explicitement ce rôle, vous vous sentirez en sécurité pour rejeter les idées des autres et mettre l'accent sur les pistes occultées. Faites simplement en sorte que les autres aient aussi l'occasion de s'essayer à ce rôle. Cela permettra d'obtenir de nouveaux points de vue. Et ce n'est pas toujours amusant d'être le sceptique de service.

Si vous avez encore du mal à faire jaillir des idées nouvelles, évitez la technique fréquente du *brainstorming*.

---

1. GIGONE, D. & HASTIE, R. (1993). The common knowledge effect: Information sharing and group judgment. *Journal of Personality and Social Psychology* 65 (5), p. 959-974.

2. STASSER, G. & TITUS, W. (1985). Pooling of unshared information in group decision making: Biased information sampling during discussion. *Journal of Personality and Social Psychology* 48 (6), p. 1467-1478.

Les idées ainsi obtenues tiennent rarement leurs promesses, car elles émanent d'une séance regroupant à la fois la production et l'évaluation d'idées. Alors qu'on tente d'instaurer une atmosphère rassurante et respectueuse où chacun peut soumettre des idées, en réalité, il arrive trop souvent qu'elles soient rejetées avant même d'avoir pu être développées. Après avoir assisté à quelques tours de table où les idées des autres sont rapidement balayées d'un revers de main, il n'est pas surprenant que certaines personnes décident de garder le silence. Il est également difficile de ne pas prendre pour une attaque personnelle les commentaires négatifs portés sur nos idées.

Proposez de remplacer un *brainstorming* classique par un *brainwritting* (ou remue-méninges écrit), qui consiste à noter les idées qui ont surgi dans le groupe[1]. L'exercice est silencieux et peut présenter les mêmes avantages que le *brainstorming* classique, mais sans les inconvénients. La production d'idées est séparée de leur évaluation. C'est assez simple à organiser. Demandez à chaque membre de l'équipe de noter en silence ses idées sur des fiches. À la fin de la période de production d'idées (qui dure généralement une quinzaine de minutes), un membre de l'équipe se charge de regrouper les idées similaires. Chaque idée est ensuite présentée de manière anonyme à toute l'équipe, puis évaluée.

1. VanGundy, A. B. (1984). Brainwriting for new product ideas: An alternative to brainstorming. *Journal of Consumer Marketing* 1 (2), p. 67-74.

Régler les conflits personnels

Si une équipe accumule trop de conflits en raison des différences de personnalité ou de positions politiques, cela peut vraiment nuire au groupe et à ses membres. Personne ne souhaite être la cible, ni même le témoin, de luttes incessantes et d'attaques personnelles. Vous parlez d'un environnement joyeux !

Ne vous laissez pas entraîner dans les mélos des uns ou des autres. Évitez de colporter des ragots ou d'être médisant. Et ne vous leurrez pas, vous plaindre de quelqu'un auprès d'autres membres de l'équipe ne contribuera jamais à tisser des liens solides et durables. L'étroite relation qui pourrait se créer à ce moment-là serait fausse, éphémère et nuirait à votre intégrité.

Il faut prendre conscience qu'une idée remise en cause ne signifie pas que la personne ne vous aime pas ou est malintentionnée. Je sais que c'est difficile. Notre fierté et notre manque d'assurance peuvent nous faire penser à tort que les commentaires sur nos idées sont de véritables attaques personnelles, même s'il n'y a aucune mauvaise intention à l'origine des critiques. Si l'équipe a travaillé en amont pour instaurer un climat de confiance, elle se trouve en partie protégée. La confiance transforme les désaccords sur des idées en conversations productives, tout en nous permettant de découvrir les autres avis le cœur plus léger[1].

Réglez vos conflits personnels et réparez tous les dégâts qu'ils ont entraînés. Pour dissiper les orages,

1. SIMONS, T. L. & PETERSON, R. S. (2000). Task conflict and relationship conflict in top management teams: The pivotal role of intragroup trust. *Journal of Applied Psychology* 85 (1), p. 102-111.

il faut parfois faire preuve de noblesse. Je sais à quel point il est difficile d'aborder quelqu'un pour lui dire : « J'aimerais que nous soyons de super partenaires et que nous nous entraidions dans le travail. Je ne me suis pas vraiment comporté comme ça, j'en suis désolé. » Le plus souvent, votre interlocuteur vous rendra la pareille en montrant aussi de la bonne volonté. Si ce n'est pas le cas, on peut être face à ce que les chercheurs appellent une « orientation égocentrique » (un individualisme prononcé) qui l'empêche de voir votre geste de bonne volonté[1]. Faites une autre tentative, en décrivant de manière plus explicite votre désir d'aplanir les différends passés.

Les grosses équipes sont les plus désordonnées

Les grosses équipes peuvent générer de grands désordres. La recherche montre qu'elles ont des résultats plus limités que les petits groupes. Quand le nombre de personnes est élevé, le risque de voir les interventions se chevaucher est plus grand, ce qui peut laisser la part belle au chaos et à la désorganisation. De plus, il est difficile de sortir du lot et de percevoir l'impact de notre propre travail quand nous sommes entourés par trop de monde.

Une grosse équipe est presque toujours lente. L'obtention d'un consensus dans une telle situation prend beaucoup de temps, elle est même parfois

1. Weingart, L. R., Brett, J. M., Olekalns, M. & Smith, P. L. (2007). Conflicting social motives in negotiating groups. *Journal of Personality and Social Psychology* 93 (6), p. 994-1010.

impossible. Le PDG d'Amazon, Jeff Bezos, applique la « règle des deux pizzas » : la taille d'aucune équipe ne doit entraîner l'achat de plus de deux pizzas à l'heure de passer à table. La recherche confirme cette règle élémentaire. Les études fixent à quatre ou six personnes la taille optimale pour la plupart des équipes souhaitant soumettre des idées, prendre des décisions ou innover, neuf personnes étant la limite maximale en termes d'efficacité[1].

Bien qu'il appartienne généralement au chef d'équipe de déterminer la taille du groupe, connaître les inconvénients d'une grosse équipe peut être utile à tout le monde. Si vous faites partie d'une grosse équipe, proposez de la scinder en petits groupes de travail. Ne vous précipitez pas pour proposer l'arrivée dans l'équipe d'une personne dont le regard n'est pas original. Et si vous êtes aux manettes, ayez pour objectif de monter de petites équipes.

Le secret KonMari pour monter des équipes joyeuses

Répandre la joie au travail est important pour l'équipe KonMari. La première mesure consiste à identifier ce qui met en joie chaque membre de l'équipe, puis à attribuer les missions en conséquence. Par exemple, Kay, notre adjointe de direction, adore exécuter des tâches sur Excel et générer des macros. Elle est également douée pour s'occuper des petits détails à régler immédiatement. Nous lui demandons donc toujours de s'occuper de ce genre de

1. HACKMAN, J. R. & VIDMAR, N. (1970). Effects of size and task type on group performance and member reactions. *Sociometry*, p. 37-54 ; Hackman, J. R., *Leading Teams: Setting the Stage for Great Performances*. Harvard Business Press, 2002.

choses. Elle fait partie des personnes qui puisent leur énergie dans le travail : plus elles en font, plus elles en ont. Jocelyn, notre chef des réseaux sociaux, tient particulièrement à avoir un impact sur eux. Ainsi, plutôt que de me concentrer sur l'augmentation du nombre de followers, je m'attache à évoquer avec elle la manière dont notre travail contribue à rendre le monde meilleur.

Andrea adore rendre les clients heureux. Elle est donc chargée de la communication avec eux. Lors de la réunion hebdomadaire de l'entreprise, elle nous informe de ce qu'elle a fait dans la semaine pour satisfaire nos clients. C'est notre « moment sensationnel », comme nous l'avons baptisé, qui ne manque jamais de renforcer la motivation de l'équipe.

Quant à Takumi, mon mari, ce qui le rend heureux, c'est d'interagir avec les autres et de créer un environnement de travail qui permet à chacun d'exploiter ses forces. Sa mission actuelle est de gérer les équipes tout en étant mon producteur. Ce travail lui convient tellement que je pense qu'il s'agit de sa vocation.

Si nous voulons apprécier notre travail et être très productifs, il est important de connaître la nature de notre passion, de la partager avec le reste de l'équipe et de savoir ce qui lui procure de la joie.

Marie

Même si les équipes peuvent être une source de joie pour tous leurs membres, elles ne tiennent que trop rarement leurs promesses. Rappelez-vous que le succès d'une équipe fait partie de la responsabilité de tous, peu importe le poste, l'ancienneté ou le statut. Et que c'est un privilège de pouvoir être heureux au travail. Faites de votre mieux pour ranger vos équipes, cela vous mettra en joie non seulement vous, mais aussi tous les autres membres de l'équipe.

CHAPITRE 10

Partager la magie du rangement

Vous vous demandez peut-être pourquoi conserver un bureau bien rangé s'il existe un espace commun en désordre à proximité, ou pourquoi mettre de l'ordre dans votre emploi du temps si la culture de l'entreprise fait qu'il sera de nouveau surchargé par vos collègues. Et garder une boîte de réception en ordre dans une entreprise remplie de gens accros aux e-mails peut mettre à l'épreuve le plus tenace en matière de rangement numérique. Le principe est le suivant : en organisant votre travail, vous vous êtes offert un cadeau qui va au-delà d'un bureau rangé, d'un emploi du temps rationnel ou d'une boîte de réception impeccable. Vous avez repris un peu le contrôle de votre vie professionnelle. Et maintenant ?

Partagez la magie du rangement avec d'autres personnes !

Il est facile de penser que nous ne pouvons pas changer grand-chose quand nous ne faisons pas partie de l'encadrement. On critique vite les dirigeants d'une entreprise en leur imputant la responsabilité de tous les désordres auxquels nous sommes confrontés au travail

– et dans certains cas, le patron mérite sa part de reproches. Mais au lieu d'observer sans intervenir, réfléchissez à ce que vous pouvez faire pour améliorer la situation.

De petites mesures peuvent apporter de grands changements dans une entreprise. Ne vous jugez jamais insuffisamment important ou chevronné pour modifier la donne. Vous l'êtes ! Soyez simplement réaliste. Une culture d'entreprise n'évolue pas du jour au lendemain. Au contraire, répandez pas à pas la joie qui vient du rangement.

Pour que notre rangement inspire les autres

Avant, mon bureau était le désordre incarné. J'avais bien trop de livres, même pour un professeur. Je n'avais pas touché à la plupart d'entre eux depuis des années. Les piles d'articles de recherche étaient tellement hautes qu'elles m'obstruaient la vue. Les tiroirs de mon bureau rivalisaient avec la pagaille régnant dans une épicerie mal entretenue (on y trouvait des encas périmés depuis longtemps et des fournitures de bureau achetées plusieurs années en arrière et toujours dans leur emballage ; j'avais même une mystérieuse clé : et j'ignore encore ce qu'elle pouvait bien ouvrir).

Je n'étais vraiment pas motivé à l'idée de me lancer dans le rangement jusqu'à ce que je termine l'écriture de mon premier livre, *Stretch*. De nombreuses personnes m'ont interrogé sur le lien entre mon travail et la méthode KonMari. Honnêtement, au début, ces questions m'ont surpris. Je démontrais par la preuve qu'exploiter au mieux ce que vous avez déjà stimule la créativité, favorise d'excellentes performances au travail et améliore l'existence. Je savais que Marie était une autrice très reconnue et une experte en rangement, mais quel était le rapport entre une méthode apprenant aux gens à ranger leur maison et le fait de rendre les gens plus efficaces et heureux au travail ?

Quand le magazine *Well + Good* a sorti sa liste des dix ouvrages à lire absolument en 2017, y figurait *Stretch*, disant qu'il s'agissait de « la méthode de Marie Kondo à un niveau supérieur ». Curieux, mais toujours un peu sceptique, j'ai décidé d'expérimenter cette méthode en rangeant mon bureau. J'ai d'abord vécu personnellement la transformation impressionnante que permet cette méthode, mais je me suis rendu compte qu'il s'agissait bien plus d'un processus pour aller à la découverte de soi que d'un acte de rangement au sens littéral du terme. Un espace bien rangé saute aux yeux et incite à s'intéresser au rangement. Mais c'est en apprenant sur vous-même que vous vous rapprochez de la vie que vous souhaitez.

Une fois mon bureau rangé, mes collègues ont été vraiment surpris. « Ouah, qu'est-ce qui s'est passé ? m'ont-ils demandé. Ton bureau est incroyable ! » Et ils ont voulu, eux aussi, un espace rempli d'objets qu'ils aimaient. Montrer mon bureau n'a été qu'un début. Mes ambitions étaient plus grandes. Je voulais que les gens fassent le ménage dans tous les domaines de leur vie professionnelle.

C'est là que vous pouvez être utile. Alors que vous ne pouvez contraindre les autres à effectuer du rangement, vous pouvez les inspirer en révélant tout ce que vous avez accompli. Invitez des collègues à faire le tour de votre espace de travail. Parlez-leur de votre nouvelle façon de gérer vos e-mails et votre emploi du temps. Montrez-leur votre smartphone et votre ordinateur. Racontez-leur comment vous vous y prenez pour ne pas vous laisser submerger par trop de décisions. Continuez de nouer des relations de qualité et les autres voudront en faire autant. Expliquez comment et pourquoi vous demandez poliment un ordre du jour pour chaque réunion.

Si vous le pouvez, allez plus loin encore. Proposez aux dirigeants de votre entreprise qu'une journée soit consacrée au rangement afin que tout le monde puisse, chacun pour soi, transformer son espace de travail. Concernant les réunions, suggérez d'annuler toutes les réunions non essentielles un jour par semaine et de raccourcir la durée de celles qui sont maintenues. Consacrez tout le temps ainsi épargné aux tâches sources de joie. Proposez que tout le monde abandonne au même moment sa messagerie électronique pendant une heure, ce qui permettra de souffler face aux interruptions permanentes. Puis constituez une communauté d'adeptes du rangement professionnel qui apprendront les nouvelles techniques et s'inciteront mutuellement à persévérer dans ce domaine.

Prendre soin de son lieu de travail

Si vous êtes comme la plupart des gens, vous êtes probablement passé devant un papier au sol sans vous arrêter. Quand avez-vous vu pour la dernière fois de la vaisselle sale dans la salle de repos et l'avez laissée là ? Vous est-il déjà arrivé d'entrer dans une salle de réunion et de constater que le tableau n'avait pas été effacé ? Ces désordres ne constituent pas un problème grave, mais indiquent un manque d'attention.

Au fil du temps, les petits désordres peuvent dégénérer en plus gros. Au cours d'une étude, les chercheurs ont comparé une salle de travail commune bien rangée avec une autre en désordre. Très vite, la salle en désordre s'est retrouvée trois fois plus encombrée que la salle impeccable[1]. Une fois la ligne jaune franchie, il est très facile de continuer à entasser des choses. Et cela vaut pour toutes les catégories de rangement au travail que nous avons vues précédemment, comme inviter trop de personnes à assister à une réunion ou envoyer un trop grand nombre d'e-mails. Très vite, tout le monde aggrave le désordre.

Mon père était dans les affaires, il possédait un motel. Quand j'étais enfant, l'été, j'allais travailler quelques jours avec lui. Quand nous faisions le tour de l'établissement, il ramassait toujours des détritus dans les couloirs. Un jour, je lui ai demandé pourquoi il prenait cette peine alors que c'était lui le patron et qu'il avait des employés chargés du ménage. Il m'a répondu calmement : « Prendre soin de l'espace est le travail de tout le monde, des gens de ménage au patron. » Cette leçon sur l'importance de tous est restée gravée dans ma mémoire.

Ne vous imposez pas de pression inutile en pensant être l'unique gardien du phare. Vous ne l'êtes pas.

1. Ramos, J. & Torgler, B. (2012). Are academics messy? Testing the broken windows theory with a field experiment in the work environment. *Review of Law and Economics* 8 (3), p. 563-577.

Demandez-vous plutôt : « Quelles petites choses puis-je faire pour montrer que je me soucie de mon espace de travail ? » Cela peut être aussi simple que de nettoyer une assiette restée dans l'évier. Si une réunion se transforme en chaos, avec plein de digressions et d'avis politiques, que pouvez-vous dire pour la remettre sur les bons rails ? Si une chaîne d'e-mails est hors de contrôle, que pouvez-vous faire pour la recentrer ?

Prendre grand soin de ses collègues

Grâce au rangement, vous avez appris combien il est important de prendre soin des petites choses de la vie. C'est encore plus vrai pour les personnes avec qui vous travaillez. Trop souvent, nous pensons que ce que font nos collègues va de soi (et l'inverse est également vrai). Le travail qu'ils effectuent, les efforts qu'ils fournissent et leur contribution à l'environnement de l'entreprise sont incontestablement essentiels à notre propre réussite et notre satisfaction. Il est aussi très facile d'oublier qu'une personne dont vous tentez de contrer les manœuvres, avec laquelle vous n'êtes pas d'accord ou auprès de laquelle vous vous battez pour obtenir un financement mérite le respect. Traitez-la respectueusement et il est fort probable qu'elle vous rende la pareille. Et vous ne vous en sentirez que mieux tous les deux.

Prenez-vous grand soin de vos collègues ? Notez sur une échelle de 1 à 5 (1 = jamais, 2 = rarement, 3 = parfois, 4 = très souvent et 5 = toujours) les affirmations suivantes :

- je remercie les autres ;
- je reconnais les précieuses contributions des autres ;
- j'accepte, crée les conditions pour et encourage les autres à être eux-mêmes ;
- j'accorde aux autres le bénéfice du doute ;
- je traite les autres avec respect.

Faites le total. S'il est inférieur à 20, vous pouvez mieux faire : prêtez attention aux autres, écoutez, parlez en toute franchise et traitez tous ceux que vous croisez comme étant dignes de votre respect et de votre reconnaissance. Quant à nos relations avec les autres, le pouvoir, le statut, la célébrité et la fortune ne doivent pas influer sur notre manière d'être. Contribuez à la mise en place d'un environnement respectueux de tous en incarnant une leçon clé du rangement : la reconnaissance.

Ne confondez pas reconnaissance avec avantages. À l'époque où je travaillais dans une start-up de la Silicon Valley, mon entreprise offrait régulièrement le petit déjeuner et le dîner. Au départ, je trouvais que c'était un excellent moyen de remercier les employés pour tous leurs efforts (et j'avais hâte de connaître le menu chaque soir). Mais au fil du temps, il est devenu évident que c'était un moyen de prolonger notre journée de travail. Je faisais souvent traîner mon travail, sachant qu'un dîner m'attendait, ce qui nuisait à mes soirées et même à mon sommeil.

J'entends souvent des gens dire qu'ils ne se sentent pas appréciés. Ils ne recherchent pas un dîner gratuit ou des petits cadeaux, mais la reconnaissance de leur travail. Des félicitations pour un travail bien fait. De la reconnaissance pour s'être privés de leur famille alors qu'ils mettaient les bouchées doubles. Jouez votre rôle en remerciant sincèrement les employés pour leur investissement, que vous soyez le patron ou la personne du groupe ayant le moins d'ancienneté.

Selon une étude récente portant sur deux mille Américains, la plupart des gens trouvent que remercier un collègue les rend plus heureux et favorise leur épanouissement[1]. Mais cette même étude a aussi indiqué qu'au cours d'une journée, seuls 10 % des employés remercient une autre personne au travail. Moralité, énormément d'actions (d'envergure ou modestes) passent inaperçues et restent méconnues, malgré la joie que l'on peut éprouver à dire merci et à l'entendre. La recherche souligne également que s'ils reçoivent un témoignage de reconnaissance, les employés s'investissent plus au travail et sont plus enclins à aider leurs collègues[2].

Exprimer une reconnaissance sincère prend peu de temps et ne coûte pas grand-chose. Je connais une entreprise de mille cinq cents employés spécialisée dans la confection de T-shirts sur mesure et d'autres produits, où l'on a pour habitude de féliciter les employés pour leur travail avec des « OUAH ». N'importe qui peut envoyer un OUAH à un collègue, pour des choses aussi modestes en apparence qu'un geste envers un client ou pour des événements marquants comme un projet important bouclé. Le plus

1. greatergood.berkeley.edu/images/uploads/GratitudeFullResults_FINAL1pdf.pdf (document consulté le 4 mai 2020).

2. Fehr, R., Zheng, X., Jiwen Song, L., Guo, Y. & Ni, D. (2019). *Thanks for everything: A quasi-experimental filed study of expressing and receiving gratitude*. Document de travail.

important est que les OUAH soient circonstanciés. Le fait de les spécifier traduit la sincérité et montre que vous prêtez réellement attention à l'autre.

Si, dans l'entreprise, il n'existe pas une façon officielle pour exprimer sa reconnaissance, créez-en une. Il y a tant de superbes contributions, mais si faciles à ne pas voir, pris que nous sommes par la routine quotidienne. Faites une pause et observez autour de vous. Que voyez-vous ?

À quand remonte la dernière fois que vous avez sincèrement remercié un collègue pour une chose qu'il a faite ? Après une réunion, remerciez les participants et expliquez pourquoi leur contribution a été utile. Reconnaissez publiquement les mérites des personnes ayant contribué à la réussite d'un projet. Félicitez-les.

Racontez à vos collègues votre périple dans l'univers du rangement et meublez aussi votre bureau avec de la joie. Enseignez vos techniques à ceux qui sont désireux d'apprendre. Faites savoir à quel point le rangement a transformé vos vies professionnelle et personnelle, et d'autres personnes auront bientôt envie d'en faire autant.

Nous arrivons au dernier chapitre de ce livre, et Marie va vous donner d'ultimes conseils pour mettre encore plus de joie dans votre environnement professionnel. Elle va aussi vous faire part des petits changements qu'elle a apportés à sa vie professionnelle, mais dont l'impact a été important.

CHAPITRE 11

Comment mettre encore plus de joie au travail

Dans ce livre, nous avons abordé un large éventail de sujets (comment ranger votre bureau, traiter vos données numériques, organiser votre emploi du temps, faire le ménage dans vos décisions, vos réseaux, vos réunions et vos équipes). Dans cet ultime chapitre, je vais partager avec vous les points que je garde à l'esprit et ce que je fais en particulier lorsque je veux rendre mon travail encore plus joyeux. Vous y trouverez aussi ce que j'ai pu apprendre des autres et que j'aimerais intégrer dans mon travail.

Prendre soin de nos objets au travail améliore nos performances

Quand je travaillais encore dans l'agence de recrutement, la première chose que je faisais quand j'arrivais au bureau était de ranger mon espace de travail. Je posais mon sac, sortais d'un tiroir mon chiffon à poussière préféré et nettoyais le dessus de mon bureau.

Puis je sortais mon ordinateur portable, mon clavier et ma souris et les essuyais tout en me concentrant sur la phrase suivante : « Qu'aujourd'hui soit une autre belle journée au travail ! » J'époussetais également mon téléphone en le remerciant pour tous les superbes services qu'il me rendait.

Le lundi était consacré au grand nettoyage. Je me mettais à quatre pattes pour dépoussiérer les pieds de mon fauteuil, puis me glissais sous le bureau et passais le chiffon sur les câbles. Décrite ainsi, on pourrait croire que la tâche était immense, mais ça me prenait moins d'une minute. Mon bureau avait alors l'air si soigné, si bien rangé, qu'il semblait être d'une autre planète. L'atmosphère était plus légère et il était plus facile de se mettre au travail. Pendant que mes mains étaient occupées à nettoyer, je pouvais me vider l'esprit et faire de ce moment de la journée une petite parenthèse de méditation, un rituel qui me permettait de basculer en mode travail.

Ces pratiques quotidiennes ont fait progresser mes performances professionnelles, d'où des contrats supplémentaires et des ventes accrues. Cela peut paraître trop beau pour être vrai, mais le nombre de fois où j'ai été citée pour l'amélioration de mes performances au cours des réunions trimestrielles a vraiment bondi. Et je n'étais pas la seule dans ce cas. J'ai pu constater à d'innombrables reprises que prendre soin des objets que l'on utilise permet de mieux travailler. De nombreux clients m'ont raconté avoir remarqué que leurs propositions de projet étaient plus souvent acceptées et leurs performances commerciales meilleures après avoir pris l'habitude de ranger leur espace de travail en tout début de journée.

Pendant un certain temps, je me suis interrogée sur ce phénomène et j'en suis arrivée aux conclusions suivantes. Pour commencer, afin de faire la poussière le matin, il faut que notre bureau soit déjà rangé. Et un bureau rangé signifie que nous n'avons plus besoin de rechercher un document ou de réfléchir à l'endroit où le mettre quand nous avons fini de l'utiliser. Notre efficacité s'en trouve améliorée. En outre, travailler dans un environnement en ordre fait du bien, favorise un état d'esprit plus positif et permet aux idées et à l'inspiration d'affluer. Mais, surtout, je pense que lorsque nous prenons soin des éléments liés à notre vie professionnelle, nous émettons des ondes différentes. Notre attitude et notre comportement envers les clients et collègues changent et cela entraîne naturellement de meilleurs résultats.

Quand nous prenons soin des choses que nous choisissons de conserver, elles nous renvoient une énergie positive. De longues années d'expérience m'ont convaincue que l'endroit où les objets sont traités avec respect et gratitude, que ce soit à la maison ou au bureau, devient source de détente et se charge en énergie puissante.

Pour transformer un espace de travail en un centre qui diffuse en permanence de l'énergie positive, nous devons d'abord le maintenir propre. Personnellement, j'aime utiliser mon chiffon préféré ou des lingettes parfumées, car ils m'aident à faire du ménage une habitude agréable. Lorsque vous nettoyez, pensez à exprimer votre gratitude aux objets dont vous vous servez en permanence, à remercier chacun d'eux de vous aider à faire votre travail au moment où vous les remettez à leur place.

L'important est d'être reconnaissant tout au long de la journée, la première chose à faire le matin étant de remercier tout ce qui fait que votre travail se passe bien. Mais si cela ne vient pas naturellement, ne vous forcez pas à le faire quand l'idée vous traverse l'esprit. L'une de mes clientes a eu une excellente idée. Elle a écrit « TOUJOURS REMERCIER ! » sur une jolie bande adhésive qu'elle a collée sur le bord de son ordinateur afin de penser à remercier les outils qui l'ont aidée à faire son travail.

Croyez-moi, choyer ainsi ses affaires est d'un effet illimité. Pourquoi ne pas transformer votre espace de travail en centre d'énergie ?

Mettre plus de joie dans son espace de travail

« Ne te dis pas qu'il s'agit de rangement, mais de décoration intérieure. » C'est ce que la mère de mon amie lui a dit un jour alors qu'elle la voyait rechigner à l'idée de ranger. Quelle excellente description ! Si nous nous disons que nous *devons* faire quelque chose, nous l'assimilons à une corvée. Mais si nous voyons le rangement comme une action créative qui mettra de la joie dans notre espace de travail, nous sommes heureux de nous y mettre.

Ainsi, quand vous vous attaquez à votre espace de travail, ne pensez pas « rangement ». Dites-vous que vous concevez un endroit agréable où travailler. Après tout, c'est vraiment de la décoration intérieure, surtout lorsque vous avez fini de ranger et que vous ajoutez votre touche personnelle. Quand vous rangez, gardez à l'esprit votre vie professionnelle idéale et voyez ce que vous pouvez faire pour que cet espace fasse battre votre cœur.

Prenez les stylos, par exemple. Ce n'est que lorsque mes clients se mettent à ranger que beaucoup d'entre eux se rendent compte qu'ils ne se servent que de cadeaux publicitaires. C'est l'occasion de choisir des stylos qui vous mettent en joie. Et cela ne se limite pas aux stylos. Quand vous choisissez un objet nécessaire à votre travail au quotidien, comme un porte-stylos, des ciseaux ou de l'adhésif, choisissez des modèles que vous aimez vraiment. Bien que tout remplacer immédiatement par des objets qui vous plaisent puisse vous paraître idéal, la meilleure solution est de prendre votre temps. Donc, plutôt que de vous précipiter et d'acheter un tas de nouvelles choses qui ne vous plairont qu'à moitié, je vous encourage à chercher jusqu'à ce que vous trouviez des objets qui vous mettent vraiment en joie quand vous les regardez ou les touchez.

Pensez aussi à choisir quelques objets qui ajoutent une simple touche de joie, même si vous n'en avez pas besoin pour votre travail. C'est la « joie en plus », comme je l'appelle. Vous pouvez ajouter tout ce qui vous rend heureux, comme une photo, une carte postale ou une plante que vous aimez particulièrement. Personnellement, je place un cristal sur mon bureau. Non seulement il scintille, ce qui ajoute une touche de beauté, mais je trouve qu'il purifie l'atmosphère, vertu qui stimule mon inspiration.

L'exemple le plus singulier de « joie en plus » que j'ai rencontré dans ma carrière de consultante était un nécessaire à dents qui trônait sur le bureau d'un président d'entreprise. En tant que consultante en rangement, j'ai vu beaucoup de choses, mais là, c'était si étrange qu'il fallait éclaircir le mystère. « Même si je suis assis à mon bureau, personne ne viendra me parler si l'on voit que je suis en train de me brosser les dents, m'a-t-il expliqué. C'est très pratique quand je veux me concentrer, parce que personne ne vient m'interrompre. » Le simple fait de le voir sur son bureau lui procurait de la joie et un sentiment de sécurité.

Bien entendu, cet exemple n'est pas la norme. C'était une entreprise de très petite taille avec seulement deux employés, et les toilettes étaient situées juste derrière le bureau du président. Mais l'essentiel est bien de décorer votre bureau avec des objets qui vous mettent en joie, quels qu'ils soient.

En parlant de décoration de bureau, depuis que j'ai commencé à travailler aux États-Unis, j'ai remarqué que les Américains sont plus adeptes de cette « joie en plus » au bureau que les Japonais. Les salariés japonais hésitent à exposer des objets personnels au bureau, alors qu'il est assez courant pour les Américains de mettre des photos de mariage ou une plante dans leur espace de travail. J'ai même vu des maquettes d'avion et de gros ballons à l'hélium. Si j'ai d'abord été surprise, cela m'a fait prendre conscience de l'importance d'ajouter également un peu de fantaisie.

De tous les bureaux que j'ai vus aux États-Unis, ceux d'Airbnb à San Francisco arrivent en tête en matière de fantaisie. Cette structure encourage la créativité de ses employés et valorise les discussions libres. De petites salles sont à disposition des employés pour qu'ils puissent travailler seuls ou organiser des réunions en petits comités. La décoration de chaque salle s'inspire d'un lieu dans le monde, comme Paris,

Sydney ou Londres. J'ai été assez impressionnée par l'authenticité et le souci du détail de la salle ayant pour thème le Japon. Elle reproduit parfaitement l'atmosphère d'un *izakaya* (bar des années 1950), avec des lanternes en papier rouge, un *noren* (rideau) à l'entrée et des bibelots vintage. Bien entendu, tout le bâtiment est conçu pour répandre de la joie, pas seulement les salles, mais même si celui de votre entreprise n'est pas de la même veine, il est toujours possible de mettre de la joie dans votre espace de travail. Voici quelques suggestions :

- choisissez une couleur dominante afin de coordonner les objets figurant sur votre bureau ;
- choisissez un film ou une histoire que vous aimez comme thème pour la décoration de votre espace de travail ;
- dénichez des photos en ligne pour décorer votre bureau ;
- mettez une petite plante sur votre bureau ;
- mettez une photo qui vous rappelle des souvenirs joyeux ;
- ajoutez quelque chose d'éclatant, comme un cristal ou un presse-papiers en verre ;
- posez sur votre bureau un petit objet qui diffusera un parfum agréable ;
- mettez sur votre bureau une bougie en guise de décoration ;
- choisissez un dessous-de-verre que vous aimez ;
- modifiez l'image d'arrière-plan de votre bureau d'ordinateur en fonction de la saison.

Et vous ? Quelles idées avez-vous pour que votre espace de travail respire la joie ? Laissez libre cours à votre imagination et ajoutez plein d'éléments apportant de la « joie en plus ».

Faut-il changer d'emploi s'il ne procure aucune joie ?

Le rangement affine tout naturellement notre capacité à distinguer ce qui est source de joie de ce qui ne l'est pas, et nous apprenons à transposer cette sensibilité dans d'autres domaines. Je connais de nombreuses personnes ayant changé de poste ou démissionné pour se mettre à leur compte après avoir fini de ranger leur espace de travail.

Quand ils entendent ça, les gens disent souvent : « Mon emploi actuel ne me procure aucune joie. Est-ce que je dois partir immédiatement pour en chercher un autre ? » Ce fut notamment le cas de Yu, qui travaillait chez un fabricant de produits alimentaires. Après avoir rangé sa maison et son espace de travail, elle a découvert que la création d'accessoires lui procurait de la joie.

« Dans cette entreprise, le salaire est intéressant, m'a-t-elle avoué, mais je rentre chez moi épuisée. Ce n'est vraiment pas drôle. Je me demande s'il ne vaudrait pas mieux que je devienne créatrice d'accessoires à mon compte. Ou que je travaille dans une entreprise qui fabrique des accessoires et des objets d'art. »

Quand des clients me demandent conseil sur ce genre de chose, je commence par les encourager à choisir la voie qui les met en joie. Mais Yu était mitigée : « On ne peut pas gagner sa vie en créant des accessoires. Et je n'ai vu aucune entreprise qui m'attire vraiment. »

Je lui ai donc suggéré qu'elle procède à une analyse axée sur la joie. Je l'ai encouragée à étudier les différents aspects de son emploi et à indiquer ceux qui la mettaient en joie et ceux qui ne lui en procuraient aucune. Je lui ai également demandé de regarder si elle contrôlait ou non ces aspects.

Quand nous nous sommes revues quelques mois plus tard, j'ai été frappée par son apparence. Elle paraissait beaucoup plus enjouée et détendue. Elle m'a dit qu'après avoir fait un bilan de son emploi, elle avait décidé de rester. « Quand j'ai examiné ce qui n'était pas source de joie, m'a-t-elle expliqué, j'ai découvert qu'il s'agissait avant tout des transports aux heures de pointe. C'était épuisant. J'ai donc avancé d'une heure mon arrivée au bureau. Je me suis retrouvée bien moins fatiguée le matin et j'étais plus efficace. Il y avait un autre facteur, un client que je n'aimais pas du tout. J'ai pris mon courage à deux mains et suis allée voir mon chef. Le client en question a été confié à un autre employé. En changeant ce qu'il était possible de changer, j'ai réussi à éliminer les facteurs qui gâchaient tout mon plaisir. Aujourd'hui, j'aime vraiment mon travail. Bien sûr, tout ne respire pas la joie, mais j'ai pris conscience que, pour moi, le meilleur équilibre vie professionnelle-vie personnelle est d'avoir un salaire correct tout en m'adonnant, pendant mon temps libre, à ma passion pour la création d'accessoires. »

Si, comme Yu, vous vous demandez si vous devez changer de travail, je vous conseille de commencer par analyser votre situation actuelle. Lorsque nous rencontrons des difficultés au travail, que ce soit dans nos relations avec des collègues, des clients ou dans nos fonctions, une combinaison de facteurs est souvent à l'origine de ces problèmes. Il faut étudier et gérer chacun d'eux. Qu'est-ce qui vous met en joie au travail en ce moment et quels sont les aspects qui ne vous plaisent pas ? Qu'est-ce qui peut être changé et qu'est-ce qui ne peut l'être ? Ayez un regard objectif sur votre situation et votre façon d'aborder les choses et réfléchissez à ce que vous devez faire pour adopter un mode de vie professionnel heureux. Vous avez peut-être encore une marge de manœuvre pour améliorer votre situation.

Que vous décidiez de rester au poste actuel, de trouver un nouvel emploi ou de démissionner pour monter votre propre entreprise, l'évaluation et l'acceptation de votre situation actuelle constituent une excellente préparation pour l'étape suivante. Je l'ai appris de ma propre expérience en matière de rangement. Une nouvelle étape implique toujours de dire adieu à quelque chose. Voilà pourquoi il est si important de s'y préparer mentalement.

L'ironie de l'histoire, peut-être due au stress de la situation, c'est que lorsque nous traitons avec mépris ce qui ne nous procure aucune joie, et que nous nous en débarrassons avec une seule idée en tête, ne plus voir ces objets qui ne servent à rien (nous trouvons d'ailleurs que ce sont des « trucs inutiles »), nous finissons généralement par acheter la même chose et en plus grand nombre. Résultat, nous nous retrouvons face au même problème.

Donc, quand vous ne voulez plus d'une chose, pensez fort au bien qu'elle vous a fait et laissez-la partir en ayant de la reconnaissance pour le lien que vous entreteniez. L'énergie positive que vous envoyez vers cet objet provoquera de nouvelles rencontres joyeuses. Ce principe vaut également quand vous envisagez de changer d'emploi. Pensez à votre travail de façon positive, avec gratitude, et admettez que, malgré les moments difficiles, il vous a appris des choses, comme l'importance de maintenir une bonne distance dans vos relations, ou que c'est grâce à lui que vous avez pu trouver le style professionnel qui vous convient le mieux. C'est avec ce genre d'attitude que vous obtiendrez le travail idoine pour franchir la prochaine étape de votre vie.

Aimer le parcours vers une vie professionnelle joyeuse

De toutes les personnes que j'ai rencontrées, celle qui semble aimer le plus son travail est le célèbre artiste et calligraphe japonais Souun Takeda, également auteur de la calligraphie figurant sur la couverture de la version originale de ce livre. Avant que je le rencontre, dans mon esprit, un calligraphe était une personne très sérieuse maniant le pinceau avec une grande solennité et dotée d'un front tout ridé. Souun est carrément l'opposé. Et il aime profondément son travail.

« Je ne connais jamais la souffrance de la création lorsque je commence un nouveau travail, dit-il. C'est comme une sorte de rot. J'ignore pourquoi, mais il surgit, comme ça. » Quelle approche unique et enjouée ! C'est un artiste de 42 ans, prolifique et très prisé, mais son parcours jusqu'au succès n'a pas été des plus aisés. Il a commencé la calligraphie à l'âge de 3 ans, auprès de sa mère, calligraphe professionnelle. Après l'université, il a trouvé son premier emploi au sein du département commercial d'une grande société informatique. Il a ensuite démissionné pour démarrer une carrière de calligraphe indépendant. Il a alors eu du mal à trouver des clients. Si, aujourd'hui, son travail le met vraiment en joie, il lui a fallu du temps et beaucoup d'efforts.

C'est également mon cas. Le rangement est chez moi comme une seconde nature. Et j'y prends énormément de plaisir, mais mon parcours n'a pas toujours été un long fleuve tranquille. Ma passion pour le rangement est née à l'âge de 5 ans, mais il m'a fallu de nombreuses années de tâtonnements pour développer ma méthode et arriver là où je suis aujourd'hui. J'enseigne ma méthode à des personnes du monde entier par le biais de conférences, de livres, de la télévision et d'autres médias. Cette partie de mon travail n'est pas toujours amusante et je me heurte encore à des difficultés. Mais quand j'y repense, cela fait moins de dix ans que j'enseigne ma méthode. Il est donc logique que je ne sois pas aussi performante dans ce domaine que dans le rangement. Mais j'apprends et j'évolue au fur et à mesure.

Par exemple, à mon premier séminaire en tant qu'indépendante, seules quatre personnes se sont inscrites et deux d'entre elles se sont désistées à la dernière minute. Dans la grande salle pratiquement vide, j'ai eu du mal à me faire comprendre, terriblement consciente de mon inexpérience. Je me sentais tellement mal et j'étais si désolée pour les pauvres participants que j'avais envie de fuir pour me cacher.

Cette expérience m'a appris qu'il me manquait des compétences en marketing. Je me suis mise à lire un maximum de livres sur les relations publiques et la gestion d'entreprise, j'ai suivi des séminaires, noué des relations en assistant à des petits déjeuners pour dirigeants d'entreprise et commencé à tenir un blog pour me faire connaître. Au lieu d'essayer de ratisser large, j'ai commencé par animer des séminaires dans des centres communautaires pour des groupes de dix personnes, pas plus, assises à la japonaise, à même le sol sur des tatamis.

Ensuite, j'ai tenu mon propre stand lors de manifestations consacrées au bien-être. Afin de bien sortir du lot, je portais un kimono en coton, un *yukata*, et j'avais coincé un grand éventail dans la ceinture sur lequel on pouvait lire : « JE RÈGLE VOS PROBLÈMES DE RANGEMENT ! » Je me baladais sur tout le site dans cette tenue pour faire reconnaître mes services.

Grâce à de telles stratégies, j'ai progressivement atteint le stade où j'étais en mesure d'animer des séminaires mensuels pour trente personnes, qui étaient systématiquement complets. Le nombre de clients particuliers a également augmenté. Quand le temps d'attente pour une leçon individuelle a atteint les six mois, les gens ont commencé à me demander d'écrire un livre sur ma méthode de rangement, ce qui a débouché sur la publication de mon premier ouvrage.

Bien entendu, après sa sortie, et encore aujourd'hui, lorsque je m'adresse à un public de plusieurs milliers de personnes, je me heurte toujours à des difficultés. Mais au fil des ans, je constate que plus j'acquiers de l'expérience, plus mon travail est source de joie.

Le travail repose sur l'expérience accumulée et, grâce à lui, nous progressons. Rien n'est rose dès le départ. Si quelque chose ne se passe pas bien ou ne vous plaît pas sur l'instant, mais que cela vous mène vers un avenir respirant la joie, considérez cela comme un mal pour un bien. Votre vie professionnelle n'est pas toujours source de joie, mais n'en concluez pas que vous êtes nul. Admettez plutôt qu'un moment difficile va vous permettre de vous rapprocher de votre idéal, appréciez la situation et fêtez votre progression toujours en cours. N'oubliez jamais que si vous pouvez bâtir une vie professionnelle joyeuse, c'est parce que vous êtes de jour en jour un peu plus expérimenté.

Quand la peur du regard des autres freine

Le rangement peut vous aider à vous faire une idée précise de la voie qui vous mettra en joie. Vous percevez ce qui vous tient à cœur, ce que vous avez toujours voulu faire, et quelles difficultés vous serez capable de surmonter. Mais au moment d'emprunter cette voie, vous pouvez être à la fois enthousiaste et inquiet. Nombreuses sont les personnes qui ont envie d'essayer de nouvelles choses mais se retiennent de le faire parce qu'elles s'inquiètent du « qu'en-dira-t-on ».

Je le sais car je l'ai vécu. Ma mission de vie est de faire en sorte que les personnes ayant une vie pleine de joie grâce au rangement soient plus nombreuses. Voilà pourquoi j'écris des livres, je donne des conférences et je m'exprime dans les médias. Il y a quelques années, j'ai fait le bilan de ma mission, et j'ai eu le sentiment que le moment était venu de partager mes idées sur les réseaux sociaux afin de toucher plus de gens. Mais l'idée même de le faire me terrifiait. Je craignais de devenir la cible de critiques ou de provoquer la haine en présentant mes idées à tout le monde. Pendant longtemps, j'ai même été incapable de créer un compte sur les réseaux sociaux.

J'ai fini par consulter Jinnosuke Kokoroya, célèbre thérapeute japonais. Il se trouve être également un ami de longue date et nos familles aiment passer du temps ensemble. « J'aimerais vraiment commencer à me servir des réseaux sociaux pour faire passer mon message, lui ai-je dit, mais je ne parviens pas à franchir le pas. J'ai peur que les gens me détestent et se mettent à m'attaquer. »

Jinnosuke a répondu en souriant : « Ne t'inquiète pas, Marie. Plein de gens te détestent déjà. » Au passage, c'est ce qu'il dit à tous ses clients qui ont peur d'être détestés. C'est son approche.

« Je parie qu'il a raison », ai-je pensé. J'ai timidement effectué une recherche sur Internet en tapant mon nom. Après mon site web officiel et mon blog, l'article le mieux placé dans les résultats s'intitulait « Pourquoi nous détestons Marie Kondo ». J'étais abasourdie, mais grâce à cet article, j'ai fait un virage à 180 degrés. La peur de l'opinion des autres m'avait empêchée de me servir des réseaux sociaux, mais je sais maintenant qu'il ne rimait à rien d'y accorder de l'importance. Que j'utilise ou non les réseaux, on me critiquait déjà.

Je me suis posée pour me demander : « Est-ce que ça me met vraiment en joie de rejeter la voie qui m'appelle parce que j'ai peur d'être critiquée ? » La réponse fut un non catégorique ! Ma petite voix a alors crié : « Je veux partager ma joie avec un maximum de personnes grâce à la méthode KonMari. » J'ai immédiatement ouvert un compte sur Instagram (instagram@mariekondo) et sur d'autres réseaux sociaux. Finalement, les critiques furent moins nombreuses que je le pensais et la foule de personnes qui ont soutenu ma démarche n'a cessé de croître. Les indications et les articles que je postais étaient positifs, ils ont commencé à me faire grimper au palmarès des recherches les plus demandées. Inquiète à l'époque, je suis aujourd'hui ravie d'avoir eu le courage d'oser faire ce pas.

Dans notre monde, il existe d'innombrables types de personnes, points de vue et systèmes de valeurs. On ne peut donc pas être aimé ni compris de tout le monde. Quoi que nous fassions ou quel que soit notre comportement, il est tout à fait normal que certaines personnes nous critiquent ou ne nous comprennent pas. Dans ces conditions, quel gâchis de choisir un mode de vie qui ne nous procure aucune joie simplement par peur d'être critiqué.

Vous n'avez droit qu'à une chance dans la vie. Qu'allez-vous choisir ? Vivre dans la crainte de ce que pourraient penser les autres ? Suivre votre instinct ?

Renoncer au passé pour apprécier l'avenir

Trop souvent, nous nous encombrons l'esprit de peurs, d'anxiété, d'échecs passés et de critiques qui sont ceux des autres. Nous vivons, pour la plupart d'entre nous, plus d'événements positifs que négatifs, mais nous retenons essentiellement les mauvais – et ils ont un impact démesuré sur notre santé mentale[1]. Quand nous cédons à l'autocritique,

1. BAUMEISTER, R. F., BRATSLAVSKY, E., FINKENAUER, C. & VOHS, K. D. (2001). Bad is stronger than good. *Review of General Psychology* 5 (4), p. 323-370.

notre confiance en soi baisse. Être obnubilés par un échec réel ou imaginaire favorise un échec futur parce que nous sommes centrés sur nos « défauts »[1]. Il est alors plus difficile de donner corps à notre vision de la vie professionnelle, ou même d'avoir un objectif, parce que nous sommes préoccupés par les erreurs passées et inquiets à l'idée d'en commettre d'autres. Cessez de gaspiller de l'énergie mentale en ressassant le passé, en comparant ce que vous avez ou ce que faites avec ce qu'ont ou font les autres, ou en vous appesantissant sur une erreur remontant à la semaine passée.

Pour vous débarrasser d'une pensée négative, inscrivez-la sur une feuille de papier. Rendez hommage à ce message en y pensant. Tirez-en une leçon clé. Demandez-vous en quoi cette pensée peut contribuer à votre progression puisqu'elle s'est transformée en occasion d'apprendre. Puis jetez la feuille de papier (déchirez-la, brûlez-la, enterrez-la) et la pensée disparaîtra avec. Vous avez appris de cette mauvaise pensée : gardez la leçon, mais renoncez à l'autocritique.

Scott

Prendre le temps pour une introspection sincère

De toutes les personnes que j'ai rencontrées, mon mari, Takumi Kawahara, est celle qui me vient en premier à l'esprit lorsque je pense au travail propre. Il se trouve qu'il est également le cofondateur et PDG de KonMari Media Inc., ainsi que mon producteur.

1. Stoeber, J., Hutchfield, J. & Wood, K. V. (2007). Perfectionism, self-efficacy, and aspiration level: Differential Effects of perfectionistic striving and self-criticism after success and failure. *Personality and Individual Differences* 45 (4), p. 323-327.

Quand je dis que son travail est « propre », j'entends par là qu'il sait toujours quoi faire, qu'il est efficace et qu'il travaille dans la joie et sans stress. En revanche, quand le travail n'est pas propre, cela signifie que la personne est submergée par ce qu'elle doit faire et qu'elle travaille dans un grand stress.

Takumi se réserve une plage horaire pour le travail de bureau et s'y consacre jusqu'à ce qu'il ait tout terminé. Il gère immédiatement chaque tâche qui lui arrive afin que la balle se retrouve aussitôt dans le camp de son interlocuteur. Il se rend à la salle de sport deux fois par semaine afin de garder la forme. Il se tient informé des tout derniers films et livres, joue avec nos filles, fait le ménage et a encore du temps pour se détendre. Je suis tout le contraire. Lorsque j'écris un livre, je me sens souvent épuisée et dépassée par les délais.

Alors, comment parvient-il à faire son travail correctement et dans les délais tout en ayant tant de temps pour traîner dans la maison, comme un nounours à câlins en train de consulter son smartphone ? Son mode de travail est une illustration si enviable de la « joie au travail » que j'ai décidé de lui demander son secret. Il m'a répondu simplement ceci : « Je fais en sorte de prendre le temps pour des introspections qui soient sincères. »

Tous les quinze jours, il prend environ une heure pour réfléchir aux raisons pour lesquelles il travaille, à ce qu'il espère en obtenir et aux caractéristiques de sa vie professionnelle idéale. Il établit ensuite le degré de priorité de toutes ses tâches du moment, puis passe chaque matin dix minutes à choisir celles auxquelles il s'attellera dans la journée. Puis il se met au travail.

(Je suis sûre de ne pas être la seule étonnée par la fréquence et la durée de ce rituel !)

Mais ce n'est pas tout. Il dit également qu'il est crucial pour lui de réfléchir à ses actes afin de pouvoir dresser un bilan et progresser. Il applique quotidiennement la règle des 80/20, à savoir que 80 % des résultats obtenus dans la vie professionnelle et personnelle reposent sur simplement 20 % de nos efforts. Il évalue ses tâches et élimine celles qui sont inutiles et improductives, et se concentre plutôt sur les actions productives. Par exemple, s'il estime que nous avons trop de réunions sur le thème de la vie professionnelle idéale, il va réduire leur nombre de quatre à deux par mois ou les raccourcira de soixante à cinquante minutes, de façon à pouvoir consacrer plus de temps et d'énergie aux travaux les plus productifs.

Non seulement il hiérarchise les tâches professionnelles, mais il détermine également avec qui il passe du temps et dans quel ordre. Sa priorité numéro un est de veiller à disposer de temps pour se retrouver avec lui-même. Viennent ensuite les moments qu'il passe avec sa famille (y compris nos enfants et moi), nos employés, nos partenaires professionnels et nos clients. Il dit qu'entretenir de bonnes relations avec les personnes les plus proches favorise une meilleure attitude, une communication plus claire (ce qui diminue le nombre de problèmes dus à une mauvaise communication) et une plus grande productivité. En fin de compte, tous ces éléments font que nous fournissons des services de meilleure qualité à nos clients.

J'ai été surprise d'apprendre qu'il avait développé cette approche alors qu'il était encore salarié dans une autre entreprise, et non après être devenu dirigeant de notre société. Je suis certaine qu'il est aujourd'hui capable de respirer la joie au travail parce qu'il prend le temps de se livrer à l'introspection, d'évaluer sa situation actuelle et de procéder à des améliorations.

La méthode de notre couple pour organiser le travail

Influencée par Takumi et sa personnalité, je trouve désormais le temps pour réfléchir avec lui quand je vois que les tâches s'accumulent et que ma charge de travail s'accroît ou chaque fois que je me sens moins productive. En tant que couple, nous organisons notre travail en respectant les trois étapes suivantes.

Étape 1 : saisir la réalité du moment

Nous prenons un grand carnet de croquis, le faisons pivoter et dessinons un trait horizontal en haut de la page. Sur cette ligne, nous créons douze sections de même largeur correspondant aux douze mois, que nous écrivons, puis nous notons tout ce qui figure à notre programme de l'année. Par exemple, mars : « conférence à New York » ; mai : « film pour une émission de télévision » ; août : « sortie d'un livre ». Dans le reste de la colonne, nous griffonnons des idées de projets que nous aimerions mener mais dont les délais n'ont pas encore été fixés. Nous avons ainsi, à l'instant T, une vue d'ensemble de nos projets actuels et à venir.

Étape 2 : classer les projets par ordre de priorité et fixer des délais

L'étape suivante consiste à déterminer le degré d'importance de chaque projet. Pour ce faire, nous nous posons ce genre de questions : est-ce qu'il nous met en joie ? Va-t-il nous apporter de la joie ? Faut-il le mener, qu'il soit ou non source de joie ? Pour savoir si notre avenir sera heureux avec un tel projet, nous regardons s'il va nous aider à atteindre notre objectif et sera en phase avec notre philosophie professionnelle, qui est d'« organiser le monde ».

Une fois nos projets classés par ordre de priorité, nous estimons le temps que nous allons consacrer à chacun d'entre eux et écrivons ces informations dans notre carnet. Notre principe de base est de consacrer l'essentiel de notre énergie aux travaux sources de joie, et qui nous mènent vers un avenir heureux, et de passer le moins de temps possible sur ce qui doit être fait sans autre considération.

Quand tous les projets sont consignés sur le carnet, nous les passons rapidement en revue. Si nous constatons que le travail d'édition nous prend trop de temps ou que des mesures s'imposent pour renforcer la notoriété de la marque, nous ajustons en conséquence la durée affectée à chaque projet ou tâche.

Étape 3 : décomposer les projets en tâches

Les deux étapes précédentes nous donnent une vue d'ensemble, avec l'ordre de priorité de chaque projet et le temps nécessaire pour le mener à bien. Notre troisième étape consiste à décomposer chaque projet en tâches plus détaillées et à les inscrire dans notre calendrier ou notre agenda. Une fois cela fait, nous vérifions une dernière fois notre programme. Si nous jugeons une tâche peu prioritaire, nous ajustons en la supprimant ou en la déplaçant à un autre moment. De cette façon, nous créons un calendrier n'englobant que les tâches les plus importantes et les plus gratifiantes.

Cette conception basique de l'organisation du travail peut s'appliquer sur une période allant aussi bien de un à trois ans, ou permettre d'étudier dans le détail un projet donné. Quand j'ai commencé à organiser ainsi mon travail, j'ai pris conscience petit à petit de l'importance des tâches quotidiennes. Cela a renforcé ma motivation et élevé mon niveau de concentration. Grâce à ce procédé de rangement mis en place avec Takumi, j'ai appris que la joie et la motivation augmentent de manière spectaculaire lorsque j'aborde une tâche, aussi modeste soit-elle, en comprenant son importance.

Votre travail et votre vie sont le résultat de tous vos choix

Peu après avoir commencé à arpenter la scène mondiale, j'étais si occupée que j'avais à peine le temps de réfléchir. Mon mari est également mon agent, et j'avais l'impression de me plaindre en permanence auprès de lui. Les bons jours, je maugréais : « Mon agenda est trop chargé, je n'ai pas le temps de me reposer. Et sans repos, comment faire du bon travail ? » Mais les mauvais jours, lorsque mon niveau de stress était à son maximum, je disais des choses que j'ai même honte d'écrire : « Mon équipe, mes clients, tout le monde a l'air d'être heureux, sauf moi ! Je dis aux autres combien il est important d'éprouver de la joie, mais il n'y a pas de joie chez moi. »

Quand j'étais dans cet état, Takumi me disait : « Marie, si tu ne veux vraiment pas faire ça, tu peux arrêter à tout moment. Si tu veux annuler cette conférence, je contacte l'organisateur pour m'excuser. Si tu n'aimes pas travailler dans une entreprise, nous pouvons la fermer. » Il disait cela d'un ton calme et totalement neutre, sans la moindre pointe de sarcasme ou de déception, et il n'a jamais essayé de me mettre la pression.

Ses paroles me ramenaient toujours à la raison. Je me souviens que j'avais accepté avec enthousiasme cette conférence comme une belle occasion. C'est moi qui avais décidé de monter une entreprise aux États-Unis. J'en avais vraiment envie. Toutes ces choses étaient des étapes sur la voie que j'avais choisie parce que je rêve de diffuser la méthode KonMari et de partager la joie qu'elle peut apporter à notre vie.

Pendant les leçons de rangement, quand mes clients ne peuvent se résoudre à se débarrasser d'un objet, je leur conseille toujours de le garder sans hésiter. S'il s'agit, pour une femme par exemple, d'un sac à main qui ne lui procure aucune joie mais lui a coûté tellement cher qu'elle ne peut s'en séparer, je l'incite non pas à le cacher au fond d'un placard, mais à l'aligner à côté de ceux qui la mettent en joie. Plutôt que de le bombarder de pensées négatives chaque fois qu'elle l'aperçoit, je lui suggère de lui jeter un regard bienveillant et de le remercier d'être là.

Quand nous décidons de garder un objet en ayant cette attitude, nous finissons, bien sûr, par nous trouver face à deux situations : l'objet a joué son rôle jusqu'au bout et nous sommes prêts à le laisser partir ou bien nous l'aimons encore plus, ce qui l'élève au rang des objets vraiment sources de joie. Cela vaut non seulement pour le rangement physique, mais aussi pour tous nos choix. Conserver sciemment des choses, se dire que nous avons délibérément choisi de les garder parce que c'est ce que nous voulions faire nous permet soit de nous en séparer avec reconnaissance, soit de les conserver en les aimant.

Notre travail et notre vie sont le résultat de tous nos choix passés. Tout ce qui nous arrive est le résultat de nos propres décisions. Si ce dans quoi vous êtes engagé ne vous procure aucune joie, rappelez-vous que vous êtes là, actuellement, sur la voie que vous avez choisie par le passé. Dès lors, demandez-vous ce que vous voulez faire par la suite. Si vous choisissez de dire adieu à quelque chose, faites-le avec reconnaissance. Si vous choisissez de persévérer, faites-le avec conviction. Quelle que soit votre décision, si vous la prenez sciemment et en toute confiance, elle contribuera certainement à rendre votre vie joyeuse.

Vous méritez un travail source de joie

Savoir ce qui est source de joie au travail agit comme un guide pour se rapprocher de sa vision de l'idéal professionnel. Appréciez votre espace de travail mieux rangé. Servez-vous du temps dégagé et de l'énergie mentale procurée par le rangement pour exécuter des tâches vous mettant vraiment en joie. En dehors de vos responsabilités,

ayez des activités qui vous procurent de la joie, comme le bénévolat. Mettez l'accent sur ces activités et maîtrisez-les (même si vous devez en garder qui ne vous plaisent pas). Essayez de passer plus de temps avec des collègues joyeux et faites de votre mieux pour éviter les rabat-joie.
Si, avec tous ces efforts, vous n'arrivez toujours pas à éveiller la joie, vous avez peut-être besoin d'un changement plus radical. Si votre métier vous procure de la joie, mais pas votre entreprise, envisagez d'aller travailler ailleurs. Si vos collègues vous apportent de la joie, mais pas votre poste, pourquoi ne pas chercher des fonctions plus adaptées au sein de votre société ? Si vous estimez avoir exploité tout le potentiel de votre emploi actuel, il est peut-être temps de penser à changer pour un différent. Mais, attention ! l'herbe paraît souvent plus verte ailleurs et se trouve généralement sur place un large potentiel encore inexploité, et la joie qui va avec.
Que vous restiez ou partiez, ne vous accrochez pas au passé (« J'ai toujours travaillé comme ça ») ou ne craignez pas l'avenir (« Si je ne garde pas ce travail, qu'est-ce que je vais faire ? »). La façon dont vous faites votre travail actuel vous paraît peut-être confortable, mais si elle n'est plus source de joie, passez à l'action. En ayant bien mieux conscience de votre vision professionnelle et de la manière de la concrétiser, vous aborderez votre prochain choix de carrière avec les bonnes priorités en tête.

Scott

Garder un équilibre entre vie professionnelle et vie personnelle

Notre vie de couple a radicalement changé quand nous avons eu des enfants. Avant la naissance de notre première fille, l'idée que je me faisais du mode de vie idéal était la suivante : me réveiller fraîche et dispose, m'habiller et préparer le petit déjeuner avant le réveil des enfants. Boucler si rapidement et efficacement mon travail de la journée qu'il me resterait plein de temps pour jouer avec eux. Le soir, préparer le dîner en y mettant tout mon amour et mon affection, puis passer à table, tous ensemble, pour nous régaler. Avant de me coucher, faire un peu de yoga, puis me détendre avant de m'endormir, en ressentant une fatigue saine et agréable. Et, bien entendu, avec une maison toujours rangée !

Tel était mon idéal, mais la vie n'est pas si simple. Une fois devenue mère, je n'avais plus de temps ni d'espace émotionnel. Mes attentes et aspirations se sont réduites au point qu'il me suffisait de pouvoir me brosser les dents avant d'aller au lit et d'être rassurée de savoir mes enfants en vie. Les bébés se réveillent souvent pendant la nuit et se lèvent tôt le matin. Je n'avais donc jamais mon compte de sommeil. J'étais tout le temps fatiguée, je n'arrivais quasiment plus à me concentrer ni à faire mon travail ou m'occuper de la maison en temps et en heure. J'essayais de conserver un intérieur propre et rangé, mais les enfants renversaient un paquet de sel par terre un jour, ouvraient les tiroirs et mettaient la pagaille dans mes outils d'écriture bien alignés dans leurs compartiments le jour d'après. J'avais beau ranger sans arrêt, le désordre régnait de nouveau très vite dans la maison.

Un jour, après avoir expliqué à mes filles comment plier les vêtements, elles ont sorti tout l'intérieur des tiroirs, que j'avais soigneusement rangés, et ont de nouveau tout « plié », puis remis à l'intérieur. À leurs yeux, c'était parfait, mais pas pour moi, bien entendu !

Je suis sûre qu'elles voulaient simplement s'essayer au pliage, mais à l'époque, ça ne m'a pas du tout fait rire. Je les ai grondées sévèrement, et me suis reproché plus tard mon impatience. La situation n'avait pas même déclenché la moindre petite once de joie. Les choses ne se sont calmées qu'après leur entrée à l'école.

Élever des tout-petits peut être vraiment dur, mais j'en ai tiré une précieuse leçon : ne cherchez pas à garder un intérieur parfaitement en ordre quand vos enfants sont petits. J'ai toutefois tenu à conserver au moins un peu de mon espace personnel rangé, veillé par exemple à ce que les tiroirs de mon bureau soient ordonnés ou que la manière dont étaient suspendus mes vêtements dans mon armoire soit source de joie. Avec les enfants, nous contrôlons bien moins de nombreux aspects de la vie quotidienne. C'est pourquoi il est important que les espaces sous notre contrôle nous procurent de la joie. Nous réserver un espace, même un seul, source de joie chaque fois que nous le fréquentons, peut vraiment modifier notre état d'esprit.

Il est notoire que les parents qui élèvent de jeunes enfants se sentent submergés, et je reçois souvent des lettres de parents qui travaillent me demandant conseil. L'une des questions les plus fréquentes est : « Comment trouver un bon équilibre entre vie professionnelle et vie personnelle ? » Je suggère toujours ceci : « Commencez par visualiser cet équilibre. »

Comme je l'ai mentionné précédemment, quand nous avons eu nos enfants, avec Takumi, notre équilibre entre vie professionnelle et vie personnelle s'est trouvé radicalement modifié. Il nous était devenu physiquement impossible de faire de longues journées de travail, parce que nous devions consacrer plus de temps et d'énergie à nos enfants. Et comme notre ancien mode de vie n'était plus tenable, nous avons commencé à réfléchir ensemble sur le type d'équilibre qui nous rendrait heureux.

Nous avons choisi de dégager du temps pour nous-mêmes et notre famille, puis d'organiser notre travail autour. Naturellement, cela nous obligeait à refuser plus de projets qu'auparavant, mais nous leur avons dit adieu avec reconnaissance, en remerciant les personnes qui nous avaient approchés et en exprimant l'espoir de pouvoir travailler avec elles le moment venu. Cela nous a permis de recharger les batteries, donc de mieux nous concentrer sur notre travail. En nous fixant pour objectif de terminer certaines tâches dans l'heure, par exemple, nous avons appris à bien nous concentrer sur notre travail pendant une durée limitée et à obtenir des résultats plus rapidement.

Mon approche de l'équilibre entre vie professionnelle et vie personnelle est la même que celle qui concerne le rangement. Commencez par visualiser votre idéal, identifiez et aimez les choses qui vous mettent en joie et laissez partir avec reconnaissance celles qui ne vous enchantent pas. Si vous sentez que votre équilibre entre vie professionnelle et vie personnelle est instable, demandez-vous quel pourrait être l'équilibre parfait et réétudiez la façon dont vous souhaitez occuper votre temps, en vous référant aux trois étapes présentées à la section consacrée à l'organisation du travail en tant que couple pages 258-260.

La joie au travail suscite la joie de vivre

« Mon travail ne me permet pas d'avoir un rôle dans la société. Je travaille juste pour gagner ma vie. Parler d'un travail respirant la joie est à des années-lumière de ma situation. »

C'est ce que l'une de mes clientes m'a dit. Certains d'entre vous, chers lecteurs, sont peut-être d'accord avec elle. Mais je suis tout à fait convaincue que n'importe qui peut faire en sorte que son travail soit source de joie.

Quand j'avais 5 ans, je me souviens d'avoir demandé à ma mère, femme au foyer : « Pourquoi tu as l'air si heureuse quand tu fais le ménage ? »

Elle m'a répondu en souriant : « C'est très important de tenir son intérieur. Comme je prépare les repas et garde la maison en ordre, ton père peut travailler dur, tu peux aller à l'école et rester en bonne santé. C'est une contribution plutôt précieuse à la société, tu ne trouves pas ? Voilà pourquoi j'adore mon travail ! » Ses paroles m'ont montré combien le travail d'une femme au foyer est magnifique. J'ai également appris qu'il existe différentes manières de contribuer à la société.

Le rangement peut nous faire prendre conscience du rôle vital que chaque chose joue dans notre vie quotidienne. Nous avons non seulement besoin d'un tournevis, mais aussi de vis, aussi petites soient-elles. Tout, même une chose en apparence insignifiante, a une fonction et agit de concert avec d'autres choses pour créer et soutenir le foyer.

Il en va de même pour notre travail. Chaque emploi est essentiel. Il ne doit pas être forcément grandiose.

Observez bien le vôtre. En quoi contribue-t-il au fonctionnement de votre entreprise dans son ensemble ? Et en quoi est-il utile à la société ? Trouver un sens à nos tâches quotidiennes rend notre travail digne d'être effectué, et c'est ce qui engendre la joie. En réalité, notre attitude envers notre travail est bien plus importante que le type d'emploi en lui-même. Quand nous sommes heureux et que nous émettons des ondes positives pendant que nous travaillons, au lieu d'être stressés et irritables, nous avons une influence positive sur notre entourage. Plus nous serons nombreux à être ainsi, plus l'énergie positive se répandra, et plus le monde pourra changer. Si vous rayonnez d'énergie positive à votre poste, ce travail contribue de lui-même à la bonne marche de la société.

Alors, dites-moi, aimez-vous votre travail ?

Quel type de vie professionnelle souhaitez-vous vraiment ?

Je suis convaincue que le rangement est la première étape, et la plus efficace, vers la prise de conscience de votre vision d'une carrière heureuse. Nous espérons que vous allez mettre en pratique les conseils que nous vous proposons dans cet ouvrage afin que tout soit rangé, du désordre physique à la prise de décision, en passant par le temps et les réseaux. Finissez de ranger votre espace de travail, puis consacrez-vous à ce que vous aimez. La joie au travail suscite la joie de vivre.

Remerciements de Marie

Au cours d'interviews, les journalistes me disent souvent : « Je suis certain que, dans votre vie, tout doit respirer la joie. » Pendant des années, je n'ai pas pu leur dire la vérité, que ce n'était pas toujours le cas dans mon travail.

La Magie du rangement est sorti au Japon en 2010. Je n'avais pas encore 30 ans et j'estimais au fond de moi que, dans la mesure où mon message était de répandre la joie, je devais être Marie la Bienheureuse, toujours pleine de joie. L'image que je me faisais de la vie professionnelle idéale était de laisser tomber tous les travaux fastidieux qui n'étaient pas sources de joie et de ne choisir que ceux que j'aimais et qui me liaient vite au bonheur. Je pensais que chaque moment de la vie professionnelle devait être du plaisir.

Lorsque j'écrivais et faisais la promotion de mon livre, j'aimais vraiment mon travail. Répondre à des interviews pour des magazines et la télévision, prendre la parole devant un public nombreux, c'était nouveau et intéressant, et j'étais enthousiaste en voyant les ventes grimper de jour en jour. Mais cela a cessé dès le moment où mes seuls efforts sont devenus insuffisants pour avancer.

Les ventes de mon livre ont continué d'augmenter, atteignant un million d'exemplaires, puis dix millions. La méthode KonMari s'est répandue ailleurs dans le monde. J'ai été nommée par le magazine *Time* parmi les cent personnes les plus influentes du monde, je me suis installée aux États-Unis, j'ai monté notre entreprise, animé une série sur Netflix diffusée dans cent quatre-vingt-dix pays et même foulé le tapis rouge aux Oscars et aux Emmy Awards. Mais à mesure que mes relations se multipliaient, les travaux que l'on me confiait ont fini par dépasser à la fois ma volonté et mes capacités, la pression et le stress se sont invités pour atteindre parfois un niveau tel que ma vie professionnelle était loin de me mettre toujours en joie.

Petit à petit, j'ai appris à gérer cette situation et je suis aujourd'hui bien plus à l'aise face au public. Mais pour y parvenir, j'ai dû surmonter de nombreuses difficultés, notamment dans mes relations avec les autres et pour réduire l'écart entre la réalité et mon idéal. L'écriture de ce livre-ci m'a permis de méditer sur le chemin parcouru, de revivre les hauts et les bas, ainsi que mes erreurs. Cela m'a remis en tête que le travail n'est pas seulement un moyen de soutenir sa famille ou d'apporter sa contribution à la société, mais qu'il est aussi un vecteur de progression et de développement personnels.

Au bout de dix ans, j'apprécie bien mieux la valeur de la collaboration professionnelle. Avant, j'estimais que le succès s'obtenait par soi-même. Mais, aujourd'hui, je suis touchée et reconnaissante envers nos fantastiques collaborateurs, parmi lesquels nos employés au Japon et aux États-Unis, nos partenaires commerciaux avec lesquels nous travaillons sur différents projets, les consultants KonMari qui s'activent dans le monde entier et les nombreux fans de la méthode KonMari ayant adopté notre philosophie. Même si cela a un peu tardé, j'ai appris « sur le tas » que le succès professionnel se bâtit sur le cumul des efforts et avec la coopération de tous.

Le but de notre entreprise est d'organiser le monde, d'aider un maximum de personnes à mener leur rangement de bout en bout et à choisir ce qui les met en joie afin que leur existence respire le bonheur. Et nous souhaitons que cette philosophie se répande dans le monde entier. Cela peut passer pour un objectif impossible à atteindre, mais nous sommes vraiment motivés. De même que j'ai passé plus de vingt ans à développer la méthode KonMari pour répondre aux difficultés de rangement, peu importe le temps qu'il faudra pour concrétiser notre vision, nous avons l'intention d'y œuvrer étape par étape. *La Magie du rangement au travail* représente un grand pas vers la réalisation de ce rêve.

Je suis profondément reconnaissante envers toutes les personnes impliquées dans ce projet, notamment Scott, mon coauteur, Tracy, notre éditrice, et Neil, notre agent, ainsi que les nombreux clients qui ont partagé leur histoire. Merci à mon mari, Takumi, dont le soutien professionnel et personnel indéfectible est inestimable, ainsi qu'à ma famille. À vous tous qui avez choisi de lire ce livre, je souhaite une vie professionnelle pleine de joie. Je serai extrêmement heureuse si les idées que Scott et moi-même avons partagées vous y aident.

Remerciements de Scott

Avec tout le temps et l'énergie que nous consacrons au travail, ce dernier peut et doit être source de joie. J'espère que les conseils, les histoires et les travaux de recherche que nous partageons avec vous dans cet ouvrage vous aideront à effectuer les changements professionnels et personnels que vous méritez. Quand Marie m'a contacté la première fois pour se renseigner sur mon parcours, je ne m'imaginais pas du tout collaborer à l'écriture de ce livre – et, du même coup, avoir la chance d'aider tant de personnes à être plus heureuses dans leur vie professionnelle, à mieux la contrôler, et à donner du sens à leur travail tout en étant bien. Pour quelqu'un qui a passé près de deux décennies à faire des recherches, conseiller et apprendre aux autres à mieux travailler, c'est un rêve qui devient réalité. Je remercie de tout mon cœur Marie de m'avoir choisi comme partenaire pour cette aventure.

Toute ma reconnaissance va aux nombreuses personnes qui m'ont aidé, et en tout premier lieu à ma femme, Randi. Ses idées et ses conseils m'ont aidé à bonifier mon discours, et son soutien et ses encouragements m'ont permis d'achever la phase d'écriture et de la rendre agréable. Partager cette expérience avec elle nous a rapprochés encore plus, et c'est un bonheur que nous vivons toujours.

Deux assistantes de recherche géniales, Amber Szymczyk et Jessica Yi, ont ciblé les bons interlocuteurs à interviewer, aidé à trouver des exemples intéressants et mené des interventions tests. Merci à Kristen Schwartz d'avoir déniché des études utiles et à Derren Barken pour ses avis sur le rangement numérique.

Adam Grant a joué les intermédiaires en présentant mon travail à l'équipe de Marie.

Chaque livre a besoin d'un fervent défenseur et c'est mon agent Richard Pine qui a joué ce rôle à merveille. Outre ses nombreux commentaires pour mettre en avant mes idées et ses corrections pour les rendre plus claires, ce livre n'aurait jamais été bouclé sans son regard éclairé et ses conseils avisés.

Ma profonde reconnaissance envers Tracy Behar et toute l'équipe épatante de Little, Brown Spark, notamment Jess Chun, Jules Horbachevsky, Sabrina Callahan, Lauren Hesse et Ian Straus. L'œil éditorial aiguisé de Tracy et sa patience inébranlable ont porté ce livre jusqu'à la fin du projet et bien après.

J'ai eu la chance incroyable de bénéficier du soutien de mes collègues de l'université Rice. Mikki Hebl et Claudia Kolker ont fait des commentaires d'une grande pertinence sur tout le manuscrit, et Jon Miles a fourni d'excellentes idées sur les équipes. Je suis également très heureux du soutien de l'administration de l'école de commerce, plus particulièrement de la part du doyen Peter Rodriguez et de l'ensemble de l'équipe marketing, dont Kathleen Clark, Kevin Palmer et Weezie Mackey. Un grand merci à Laurel Smith et Saanya Bhargava pour leur aide concernant les réseaux sociaux, et à Jeff Falk pour son assistance sur la publicité. Rien ne me met plus en joie que d'avoir des collègues aussi merveilleux.

La photocomposition de cet ouvrage
a été réalisée par
GRAPHIC HAINAUT
30, rue Pierre-Mathieu
59410 Anzin

Imprimé en France par CPI
en août 2021
N° d'impression : 3044337

Pocket – 92 avenue de France, 75013 PARIS

S31350/01